教育部哲学社会科学研究重大课题攻关项目（10JZD0025）阶段性成果

The Research on Spillover Effect
of Basic Public Services on
Real Estate Market

服务经济博士论丛·第2辑

Doctoral Research Series on Service Economy · Series 2

基本公共服务对房地产
市场的溢出效应研究

李祥 著

经济科学出版社

Economic Science Press

总序

经济服务化是世界经济发展史上的一个极其重要的现象，是一个国家走向现代化后在产业结构上表现出来的重要特征，是现代经济增长的基本动力来源。Fuchs 在其开创性研究著作《服务经济》(*The Service Economy*)中如此预言："起源于英国，随后在西方发达国家普遍发生的就业从农业向工业转移的现象是一次革命；同样，起源于美国，就业从工业悄然向服务业转移的现象，也将是革命性的。"如其所料，至 20 世纪 90 年代末，世界上几乎所有发达国家都已成为服务型经济国家。如今，发达国家 GDP 增加值和就业的 70% 已经由服务业创造，经济社会运行的关键特征也越来越表现为知识化、信息化和无形化。

对于正在全面走向基本小康社会和力争实现现代化的中国来说，大力发展服务经济的重大意义，至少体现在以下四个方面：

第一，制度创新的主要载体。无论是现代企业的产权体系和治理结构，还是现代市场体系的秩序和运作规则，或者是政府公共服务职能的法制化和现代化，其实都是一个现代服务业的发展问题。如创新赖以有效运作的知识产权制度，各类人才、技术、知识和产权等中介市场，财富驱动创新的金融制度安排，等等，无一不是属于现代生产性服务业发展的基本内容。

第二，经济结构调整的重要工具。服务业相对于非服务业尤其是制造业，是一种可贸易程度差、内需性强的产业，因此发展服务业事实上就意味着主要应开拓国内市场，以内需拉动经济增长而不是主要靠外需。中国经济过高的对外依存度，对应着国内巨大的、过剩的制成品生产能力。这些供给过度的制成品在巨大的竞争压力下，由于可贸易的程度较高，都通过国际贸易的方式消化到了别国的市场。发展服务经济，不仅有利于缓解第二产业的竞争压力，减少资源、能源和环境的消耗，而且还可以利用其本地化、可贸易性差的特点，就地消化在本国市场，从而实现扩大内需、降低国际贸易摩擦和转换发展方式。

第三，全球价值链攀升的关键要素。在全球价值链分工体系下，发达国家掌控着非实体的服务经济环节，如研发、设计、物流、网络、营销和金融等，而广大发展中国家在价值链的低端为其进行国际代工。发展中国家企业的升级努力往往被发达国家的大买家压制或者"被俘获"，很难向价值链的高端攀升。发展现代生产者服务业，可以利用其强大的支撑功能成为制造业增长的牵引力和推动力，为制造业的起飞提供"翅膀"和"聪明的脑袋"，从而突破发达国家对于价值链高端的封锁。

第四，居民幸福感提升的重要抓手。现今我国产业结构的重要特点是：与制造业供给严重过剩相对比，服务业许多行业的投资严重不足，产出尤其是高质量的产出处于严重的供给瓶颈，这就是所谓的"总需求向服务业集中而总供给向制造业倾斜"的结构性矛盾。制造业供给严重过剩要求我们在内需不足的前提下实施出口导向战略，而服务业投资严重不足则是使人民生活在经济高增长态势下感到不幸福、不和谐的主因。例如，绝大多数中国人始终生活在一种"求人"的状态，子女上学求人，看病求人，办事求人……这一切，其实反映的是"与民生直接相关的服务业，如住宅、教育、医疗、养老等不够发达"的现实，反映的是人民生活质量与经济增长严重不匹配。

中国服务业发展的态势和趋势，决定了还有太多的理论问题需要研究，还有太多的现实问题和政策需要评估和推敲。实践中，实现服务经济健康持续发展的机制、路径、手段及政策工具尚不清晰，需要学者们投入热忱，潜心研究。南京大学应用经济学科和南京大学长江三角洲经济社会发展研究中心长期致力于我国服务经济问题的研究，以问题为导向先后出版或发表过一系列有关服务经济理论和政策问题的著作或论文。为了不断地培育我国服务经济学研究的后续新人，在上述两个机构的联合资助下，我们在经济科学出版社的帮助下出版了这套以服务经济研究为主题的丛书。我们期待着国内外同行和各界人士携手共同对此开展更加深入和广泛的研究，也欢迎广大朋友对丛书提出建议和批评！

刘志彪

2013 年 8 月

改革开放以来，中国国内生产总值由1978年的3 645.2亿元增加到2011年的472 881.6亿元，年均增长率超过9%，人民生活水平和社会发展水平得到了显著的提升。然而，与此同时中国经济发展过程中遇到的问题也越来越多，在这些问题当中，比较突出的一个即是发展成果不能为民众公平地分享，人民生活水平的改善与经济发展水平不相适应。因此，加快建立覆盖全体社会成员的基本公共服务体系，逐步实现区域间基本公共服务均等化就成为改善民生、让改革和发展的成果更多更公平地为民众所分享的重大战略决策之一。

基本公共服务是一个国家在一定的发展阶段，关乎其居民生存与发展的最基本需要的物化的产品和服务，具有公共性和难以通过市场有效供给的特性，具体涉及居民对义务教育、基本医疗、公共基础设施、生态环境、公共安全等方面的需要。基本公共服务水平一方面是城市宜居性的重要体现，从而是吸引人口流入的主要因素之一，人口的迁移容易引起城市人口数量和结构的改变，并对当地的经济发展与房地产市场产生影响。基本公共服务水平还是居民选择住房时的重要权衡指标。根据蒂布特的研究，居民在选择居住地时，将对当地公共服务水平等因素进行权衡，这将会影响当地的房地产价值。本书对蒂布特地方公共产品与辖区竞争的经典模型进行借鉴与扩展，探讨政府基本公共服务供给对房地产供给与需求可能产生的影响，并就基本公共服务对房地产市场的溢出效应进行了考察。

本书较为全面地关注到基本公共服务对房地产市场的溢出效应现象，并且对此现象进行了系统的理论分析和实证检验，研究得出的主要结论如下。

第一，基本公共服务对房地产市场的"量"存在溢出效应。房地产市场的供给量和需求量是衡量市场运行情况的重要指标，理论分析表明基本公共服务可以通过降低房地产企业的交易成本和扩大社会总需求的渠道促进房地产开发投资的增加，实证分析则证实基本公共服务对房地产开发投资的溢出效应在长期和短期都存在。基本公共服务还可以通过收入分配效应和引致需求效应两种渠道促进家庭住宅需求的增加，实证研究发现基本公共服务对房地产需求存在显著的溢出效应，对30个城市6 000余份城市居民调研数据的进一步研究则发现，基本公共服务还会对家庭的住宅权属选择产生正向影响，由于特殊户籍制度的存在，户口同样会影响基本公共服务对家庭住宅权属的选择。

第二，基本公共服务对房地产市场的"价"存在溢出效应。房地产价格可以分为销售价格和租赁价格两个部分，本书基于南京市江南八区近万份微观调查数据，建立特征价格模型，并对住宅周边公共服务水平对其销售和租赁价格的影响进行实证检验发现，基本公共服务水平对销售价格和租赁价格存在显著的溢出效应。在所考察的四类基本公共服务中，教育公共服务对房价的影响最大。研究还从基本公共服务供给的角度探索了我国城市房价租金"剪刀差"的可能原因，实证研究暗示政府对城市边缘地带基本公共服务投入不足将使得租金的下降幅度超过房价的下降幅度，导致当地的房价租金比升高。

第三，基本公共服务的价格溢出效应受土地供给弹性、房地产税负水平等因素的影响。基本公共服务对房地产价格的溢出效应确实是存在的，但是这种溢出效应会受到一些因素的影响。将南京市江南八区按照土地供给弹性的不同分为核心区域、次核心区域和边缘区域，进一步分析不同土地供给弹性下基本公共服务对房价影响的差异情况，发现在考虑土地供给弹性之后，基本公共服务对房价的溢出效应程度随着土地供给弹性的提高而下降。房地产税收被普遍认为是政府提供基本公共服务的重要财力来源，通过对房地产税收和房价的关系进行考察，研究发现房地产持有税和交易税与房价显著负相关，并且基本公共服务供给对房价的正向影响大于房地产税负对房价的负向影响，即房地产税收对房价存在负的溢出效应，且这种负的溢出效应小于基本公共服务的正溢出效应。

在实证研究的基础上，本书在推进基本公共服务均等化的大背景下，从户籍制度、房地产税收制度以及促进房地产市场健康运行的角度提出了相关的政策建议：一是要不断推进区域间基本公共服务均等化，改善居民居住条件，降低房地产开发企业交易成本；二是要改革和完善现有的户籍制度，逐步取消将享受基本公共服务的权利与户口相挂钩的现象；三是要在不同区域间合理配置基本公共服务，并考虑房地产市场的运行状况，避免对房地产市场造成较大冲击；四是要改革现有房地产税收制度，扩大开征房地产持有税，推进基本公共服务均等化与征收房地产税并行。

本书可能的创新之处在于综合考察基本公共服务对房地产市场的量和价的影响，采用三种方法测度基本公共服务，并从基本公共服务供给的视角探寻了我国城市房价租金"剪刀差"的可能原因。不足之处是，未能考虑政府的基本公共服务支出行为及其效率问题，也未能考虑居民基本公共服务的偏好问题及其对房地产市场的影响。

目 录
Contents

第 1 章

绪 论

1.1
研究背景与研究意义

1.1.1 选题背景

城市的宜居性是吸引人口流入的主要因素之一，公共服务水平、自然环境与气候条件等则是城市宜居性的重要体现。人口的迁移容易引起城市人口数量与结构的改变，从而对当地的经济发展与房地产市场产生影响。广义地看，公共服务的内涵较为丰富，但是人们往往最关注关乎其生存与发展的最基本的公共服务，比如公共民生性服务（就业服务、养老保障等）、公共事业性服务（公共教育、公共文化、公共卫生等）、公共基础性服务（公共基础设施、生态环境保护等）以及公共安全性服务（社会治安、国防安全等）[①]。随着社会的不断发展，人们对其所居住社区的公共服务水平要求越来越高，2012 年年初南京某小区就出现小区居民集体要求政府增加公交路线的情况。

从 19 世纪末期到 20 世纪 70 年代末期，西方发达国家纷纷花大力气推进本国的公共服务均等化。中国政府也高度重视基本公共服务均等化问题，并将推进基本公共服务均等化视为让人民共享发展成果、解决民生问题的重要抓手。党的十六届六中全会通过的《中共中央关于构建社会主义和谐社会若干重大问题的决定》中，提出逐步实现基本公共服务均等化的要求。党的十七大报告则把"围绕推进基本公共服务均等化和主体功能区建设，完善公共财

---

① 常修泽：《逐步实现基本公共服务均等化》，载于《人民日报》2007 年 1 月 31 日。

政体系"确定为深化我国财政体制改革的一个基本方针。党的十八大报告再次重申，要加快财税体制改革，健全中央和地方财力与事权相匹配的体制，完善促进基本公共服务均等化和主体功能区建设的公共财政体系。2012 年全年国家公共财政收入 117 210 亿元，增长 12.8%，在公共财政收入大幅增长的同时，财政加大了对"三农"、教育、医疗卫生、社会保障和就业、保障性安居工程、文化等的支持力度，全年全国财政支出 125 712 亿元，增长 15.1%，其中，教育支出 21 165 亿元，增长 28.3%；社会保障和就业支出 12 542 亿元，增长 12.9%；医疗卫生支出 7 199 亿元，增长 12.0%；文化体育与传媒支出 2 251 亿元，增长 18.9%①。可以看出，近年来我国的财政支出越来越多地向民生领域倾斜（见图 1 - 1）。

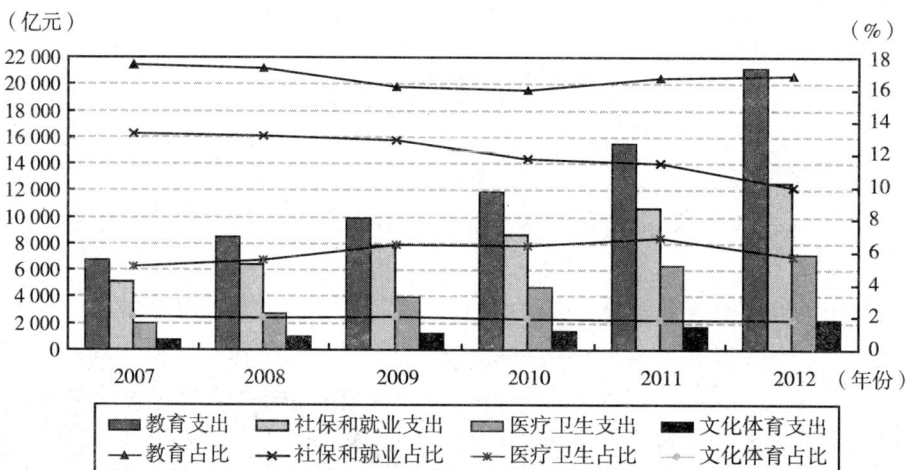

图 1 - 1 2007 ~ 2012 年中国基本公共服务支出变动情况②

资料来源：根据历年《中国统计年鉴》、财政部网站相关数据计算而得。

温家宝同志在 2012 年政府工作报告中指出，"实现好、维护好、发展好最广大人民的根本利益是以人为本理念的具体体现。要把保障和改善民生作为政府工作的重要任务。"政府在重视增长数量的同时，更加注重对民生的改善，各地加大对涉及民生的公共服务的投入成为必然。可以说，推进基本公共服务均等化在某种程度上已经成为现代政府所追求的目标。公共服务的改善尤其是基本公共服务水平的提高，在改善民生的同时，优化了地方的投资环境，有利

---

① 根据财政部网站相关数据整理而得，http：//www.mof.gov.cn/。

② 由于 2007 以后财政收支的统计口径发生变化，2007 年之前的统计数据与 2007 年之后的数据不具有可比性，因此本书只列出 2007 年之后部分基本公共服务的支出情况。

于促进地方的经济增长，同时也对房地产市场产生重要影响。具体来讲，随着我国房地产市场的不断发展，人均居住水平的不断提高，人们对住房的消费将更多地从数量转向质量，居民对住宅的区位需求将向多元化和生态化的方向发展；从房地产开发商的角度来讲，政府在土地开发之前对相关基础设施进行的配套，也一定程度上降低了开发商的开发成本。因此，政府公共服务的供给将越来越深刻地影响房地产市场的供需变动。

政府公共财政支出与房地产市场之间的关系在某种程度上可以视为是转型期中国实现"益贫式增长"[①] 所面临的诸多问题的一个缩影（刘畅，2012），在此过程中，政府往往通过实施积极的财政政策和扩大对公共领域的财政支出来拉动国内经济增长，并关注这些政策在促进经济增长过程中是否会使该国的穷人从经济增长中受益，这就难免会使部分财政资金流向以房地产为代表的资产市场，从而加剧这些市场的投机现象。那么政府对基本公共服务的投入究竟会对房地产市场产生什么样的影响？本书将带着这一疑问，去探寻基本公共服务对房地产市场供求变动影响的内在机理，考察基本公共服务对房价的溢出效应及其背后的影响因素，试图明确和解决以下几个关键问题：

（1）基本公共服务对房地产供求量的溢出效应：政府对基本公共服务的投入是否挤入了房地产开发投资，住宅区公共服务的改善是否显著地增加了居民对其的消费意愿？

（2）基本公共服务对房地产价格的溢出效应：基本公共服务的提高是否促进了当地房地产价格的上涨，也即所谓基本公共服务是否存在"资本化"的现象，这种"资本化"现象是否因城市的土地供给弹性、房地产税负水平差异而有所区别？

（3）考虑到推进区域间基本公共服务均等化的必要性和房地产市场在国民经济中的重要性和复杂性，如何在区域之间合理地配置基本公共服务，从而既能够改善民生、促进社会公平正义，又能够保证房地产市场的健康发展？

1.1.2　研究意义

选择"基本公共服务对房地产市场的溢出效应研究"作为研究课题，既

---

① 关于"益贫式增长"参见：Essama-Nssah, B., 2005, "Simulating the Poverty Impact of Macro-economic Shocks and Policies", World Bank Working Paper WPS3788, World Bank；Klasen, S., 2007, "Determinants of Pro-Poor Growth", 2020 Vision Briefs BB09 Special Edition, International Food Policy Research Institute；吕炜、刘畅：《政府公共福利对中国益贫式增长的影响——基于 PEGR 指标的经验分析》，载于《财政研究》2010 年第 10 期。

是出于现实的需要，也是由于其具有重要的学术价值和政策含义。

1. 现实需要

实际上，选题背景部分已经初步地回答了这一问题。政府在重视增长数量的同时，更加注重对民生的改善，推进基本公共服务均等化在某种程度上已经成了现代政府所追求的目标。在逐步推进基本公共服务均等化的背景下，政府需要在增加财政支出用于完善当地公共服务供给的同时，注重公共服务在区域之间的公平配置，以及通过合理规划城市区域建设引导本地房地产市场的健康发展；房地产企业需要合理规划自己的开发、建设方案，从区位条件、开发密度、配套设施等多种角度考虑，提供更符合居民消费需求的住宅产品；而居民则需要在一定收入约束的条件下，合理选择适合自己居住的住宅产品。因此，如何准确衡量基本公共服务供给对房地产市场供求以及价格的影响，也正是中国当前注重民生改善以及引导房地产市场健康、稳定发展所迫切需要明晰的一个关键问题。

2. 理论意义

公共服务对房地产市场的影响吸引了大量学者的关注，至今已有很多文献对其展开研究，但大多数研究局限于考察公共服务对房地产价格的影响——即所谓公共服务"资本化"的问题①，而这些研究所得结论也并不一致，究其原因在于公共服务对房价的资本化往往受到诸多外部因素的影响，本书则试图揭示影响公共服务资本化的可能因素。另外，在基本公共服务对房地产市场"价"的影响上，既有研究尚存在可以进一步深入分析的地方：一是较多选择宏观数据进行实证检验，较少使用微观数据进行计量分析，缺少微观数据的佐证；二是较多考虑房地产的销售价格，较少涉及房地产的租赁价格，而后者同样是房价的重要组成部分；三是单纯分析公共服务对本地房地产价格的影响，忽略了公共服务在区域之间的外部性对房地产价格的影响，而作为政府提供的公共品，公共服务在区域之间的外部性是其非常重要的属性。

除了对房地产市场"价"的影响，基本公共服务对房地产市场的影响还表现在对其"量"的影响上，无论是房地产企业的开发行为，还是居民的消费行为都深受当地基本公共服务水平的影响，基本公共服务供给的变动对房地产市场供求变动的影响同样存在。目前尚未有完整的理论框架分析政府基本公

---

① 详见奥茨（Oates，1969）、罗森塔尔（Rosenthal，1999）、梁若冰等（2008）、杜雪君等（2008）、踪家峰等（2010）、李祥等（2012）的相关研究。

共服务供给对房地产市场供求变动的影响，相关的实证研究同样缺乏。

本书首先从构建完整的理论分析框架着手，一方面分析基本公共服务供给对房地产市场"量"——供求变动的影响，另一方面分析基本公共服务供给对房地产市场"价"的影响。在房地产市场"价"的选择上，既考虑房地产的销售价格，又考虑房地产的租赁价格，以考察基本公共服务对房地产销售价格与租赁价格影响的差异。在实证分析中，既使用宏观数据进行实证检验，又使用微观数据进行佐证，同时试图采取多种方法测度基本公共服务水平。因此，本书的研究对于深化基本公共服务与房地产市场关系的研究具有一定的理论价值。

1.2
研究内容与研究方法

1.2.1 研究内容

1. 构建分析基本公共服务对房地产市场供求变动影响的理论框架

探寻公共服务对房地产市场的影响不仅需要实证分析，更加需要深入剖析公共服务对房地产市场的影响可能存在的内在机理。本书试图结合总需求—总供给（AD – AS）模型、地方政府税收竞争模型、消费者最优化理论等，对经典的蒂布特模型进行扩展，构建统揽全书的分析基本公共服务对房地产市场供求变动影响的理论框架，从而为后续的实证检验打下坚实的理论基础。

2. 实证分析基本公共服务对房地产市场供给量与需求量的溢出效应

除了房地产价格，房地产供给与房地产需求同样是衡量房地产市场运行情况的重要指标。本书将在前述理论框架下，详细分析基本公共服务对房地产供求变动影响的理论机制，基于全国以及30个大中城市的宏观数据以及调研数据，并运用系统与差分广义矩估计（GMM）、结构向量自回归（SVAR）、二元离散选择模型（DCM）等经济计量方法，考察政府的基本公共服务支出对房地产市场"量"——房地产供给与需求的溢出效应。

3. 从宏观与微观两个层面分析基本公共服务对房地产价格的溢出效应及影响价格溢出效应的可能因素

对基本公共服务与房价或者基本公共服务"资本化"问题的研究有很多，但这些研究往往以宏观数据为研究对象，得出的结论不够全面。因此还需要以微观数据为对象，从微观层面对宏观数据的实证结果加以佐证。此外，本书试图考察公共服务对房价与房租影响的差异，而房租数据往往来源于微观数据，因此必然需要从微观层面进行分析。对于公共服务对房价、租金影响的差异分析以及家庭异质性、收入水平、心理预期等因素对其住宅区位选择影响的差异分析，有必要采用微观数据进行论证。但是相比宏观数据，大样本的微观数据不容易获取，这是在研究过程急需破解的一个难题。除了考察基本公共服务对房地产价格的溢出效应，本书还将进一步探寻有哪些因素可能影响基本公共服务的这种价格溢出效应。

4. 从促进房地产市场健康运行的角度，思考推进基本公共服务均等化需要注意的问题

推进基本公共服务均等化对于改善民生、促进社会公平正义具有正面的作用，然而，同样不能忽视政府对基本公共服务的大规模投入可能对房地产市场造成的不利冲击。在加快建立覆盖全体社会成员的基本公共服务体系，逐步实现基本公共服务均等化这一背景之下，为了促进房地产市场的健康运行，需要对户籍制度、房地产税收制度等做出有针对性的安排。

1.2.2　研究方法

本书在公共经济学、产业经济学、城市经济学、计量经济学以及社会学等专业理论的指导下，除了采用归纳演绎法、对比分析法和最优化理论等基本方法之外，还重点采用以下研究方法：

1. 现代计量经济学分析方法

现代计量经济学的分析方法越来越多地成为经济学研究的主要分析方法之一，本书拟运用协整（Co-intergration Models）、最小二乘回归（Ordinary Least Square，OLS）、二阶段最小二乘回归（Two-Stage Least Squares，2SLS）、结构向量自回归（Structure Vector Auto-regression models，SVAR）、脉冲响应（impluse funtion）、系统与差分广义矩估计（System Generalized Method of Moments and Differential Generalized Method of Moments）、离散选择模型（Discrete Choice Models，DCM）、联立方程模型（Simultaneous Equation Systems）、空间计量模型（Spatial Econometric Models）等分析方法，并综合采用宏、微观数据实证考察基本公共服务对房地产市场的量价溢出效应。

2. 案例分析方法

案例分析法是一种由特殊到一般的认识事物的方法，由于符合人们认识事物的习惯，因而在日常生活中人们或多或少都会用到。但是案例分析法成为一种正式的、专业性的认识事物方法则是由哈佛大学开发完成的，并被运用于培养高级商业管理人才。其特点在于从具体的实践出发，并结合抽象的理论从而提高人们对理论学习和对事物的了解。本书既要从全国层面考察公共服务与房地产市场的量价溢出效应，还要从具体的城市层面来研究公共服务对房地产销售价格、租赁价格的溢出效应。本书选取将举办 2014 年青年奥林匹克运动会的南京市作为案例城市，通过问卷调查、网上挂牌数据收集、Google 地图查询以及实地走访的方式，获取相关的微观数据，分析公共服务与房地产销售价格、租赁价格之间的关系，试图探寻我国房价租金比升高背后公共服务供给的影响。

3. 行为经济学分析方法

行为经济学是将心理学与经济学相结合的一门学科，具体来讲，行为经济学将行为分析理论与经济运行规律、心理学与经济科学有机结合起来，以发现传统经济学模型中的错误或遗漏，进而修正主流经济学关于人的理性、自利、完全信息、效用最大化及偏好一致性等基本假设的不足。行为经济学的研究表明，消费者的消费行为易受其情绪变化、对市场预期等的影响，本文拟通过对大样本的城市居民心理访谈与问卷调查，运用行为经济学的研究方法探寻城市居民家庭异质性、收入水平、心理预期等因素对其住宅区位与权属选择影响的差异。

1.3
关键概念界定与文献综述

1.3.1　基本公共服务内涵界定及其测度

公共服务属于公共物品的范畴，因而对公共服务内涵的界定首先需要理解公共物品的含义。公共物品的概念是由萨缪尔森（Samuelson）提出的，萨缪尔森（1954）在其代表性著作《公共支出的纯理论》中指出公共物品指的是消费上非竞争性和使用上非排他性的物品。所谓非竞争性是指对某一物品，新增一个消费者的边际成本为零；所谓非排他性是指一个人对某物品的消费不能排除其他人无成本或低成本地对该物品的消费。非竞争性与非排他性也成为公、私物品划分的基本标准，得到众多学者的认同。此后，根据是否具有竞争性与是否具有排他性，公共物品又进一步分为纯公共物品、准公共物品、俱乐部产品等。

有了公共物品的定义，我们就可以对公共服务有一个直观的了解。从字面上来理解，公共服务更加强调公共物品形态的不同，也就是说政府为居民提供的有形物品叫做公共物品，政府为居民提供的无形服务叫做公共服务。当然，这些概念只是停留在字面上的理解。不同国家、不同机构、不同学者以及在不同的时期都会对公共服务有着自己的理解或者界定。这里仅介绍国内对公共服务的界定。

党的十六届六中全会通过《中共中央关于构建社会主义和谐社会若干重大问题的决定》（简称《决定》），《决定》将教育、卫生、文化、就业再就业服务、社会保障、生态环境、公共基础设施、社会治安等领域列为政府需要加大投入力度的基本公共服务。虽然基本公共服务均等化成为经济体制改革以及财政理论研究的热点，但是目前中国的理论界尚未就基本公共服务给出广泛认同的定义。比较有代表性的定义是中国（海南）改革发展研究院提出的，他们认为所谓基本公共服务是指建立在一定社会共识基础上，根据一国经济社会发展阶段和总体水平，为了维持本国经济社会稳定、基本的社会正义和凝聚力，保护个人最基本的生存权和发展权，为实现人的全面发展提供所需要的基本社会条件，一是保障人的基本生存权，二是满足基本尊严和基本能力的需要，三是满足基本健康的需要。义务教育、公共卫生和基本医疗、基本社会保障、公共就业服务成为我国现阶段基本公共服务的主要内容。《国家基本公共服务体系"十二五"规划》则指出基本公共服务是指"建立在一定社会共识基础上，由政府主导提供的，与经济社会发展水平和阶段相适应，旨在保障全体公民生存和发展基本需求的公共服务"，一般包括保障基本民生需求的教育、就业、社会保障、医疗卫生、计划生育、住房保障、文化体育等领域的公共服务，广义上还包括与人民生活环境紧密关联的交通、通信、公用设施、环境保护等领域的公共服务，以及保障安全需要的公共安全、消费安全和国防安全等领域的公共服务①。

---

① 详细内容参见：国务院关于印发《国家基本公共服务体系"十二五"规划的通知》，http://www.gov.cn/zwgk/2012-07/20/content_2187242.htm。

国内学者对公共服务的定义也有许多的研究。安体富、任强（2007）认为基本公共服务就是那些与民生问题密切相关的纯公共服务。陈海威（2007）进一步给出了基本公共服务涵盖的内容，认为现阶段我国居民应共享的基本公共服务应包括底线生存服务、公众发展服务、基本环境服务和公共安全服务四项。项继权（2008）则认为基本公共服务是"一个社会人们生存和发展必需的基本条件，是一个社会非由政府提供不能有效满足和充分保障的基本福利水准。"[①] 吕炜、王伟同（2008）认为分析基本公共服务的内涵应当把握四个要点，一是"基本"，即公共服务应该是保障民众最基本的公共服务需求，体现为最根本的生存、发展等方面的需求；二是"公共"，即公共服务要体现出公共产品的属性——在市场条件下难以实现充分供给的产品和服务；三是明确当前我国经济发展的阶段和政府的财政能力，"基本"的内涵则应根据发展阶段和政府财政能力的变化而调整；四是针对我国当前社会发展中面临的主要问题和矛盾，当前普及基本公共服务的重要任务是缓解那些潜在和现实的社会问题。曾红颖（2012）则认为，基本公共服务是指建立在一定社会共识基础上能满足居民基本需求，一国全体公民不论其种族、收入和地位，都应该普遍享有的公平可及的服务，此外，基本公共服务还应具有非竞争性、非排他性、市场供应不足等特征。

本书提出一个相对简化的概念[②]，认为基本公共服务是一个国家在一定的发展阶段，关乎其居民生存与发展的最基本需要的物化的产品和服务，这些最基本的产品和服务既具有公共性——满足居民的公共需求，又具有难以通过市场有效供给的特性，因此必须要有政府的参与，甚至完全由政府提供。基本公共服务具体涉及居民对义务教育、基本医疗、公共就业服务、公共基础设施、生态环境、公共安全等方面的需要。这些基本公共服务的范围既涵盖了纯公共物品与准公共物品，也包括了全国性公共服务与地方性公共服务，同时也是与一国具体的经济发展水平相联系的。本书不具体区分纯公共物品与准公共物品，且较多关注由地方政府提供的地方性公共服务。

在对公共服务的测度方面，目前国内学者主要采用三种方法进行测度（如表 1-1 所示）。第一种是采用货币支出来衡量地区的公共服务水平（胡洪

---

① 项继权：《基本公共服务均等化：政策目标与制度保障》，载于《华中师范大学学报》（人文社会科学版）2010 年第 1 期。

② 虽然学界对公共服务的内涵有不同看法，但对公共服务的研究内容却有类似的认识，相关研究实际上更为重视的是基本公共服务的具体内容。参见叶航、王国梁：《排他性机制的重构和准公共产品受益的均等化———种实现包容性增长的新路径》，载于《浙江大学学报》（人文社会科学版）2011 年第 6 期。

曙，2007；高凌江，2008；杜雪君等，2009；踪家峰等，2010；李祥等，2012），货币支出测量方法大多使用政府在公共基础设施、公共教育、基本医疗等各方面的财政投入总量或者财政支出强度（即在这些领域的财政支出占财政总支出的比重）对地区公共服务进行测度；第二种是采用实物资本来衡量地区的公共服务水平（安体富和任强，2008；梁若冰和汤韵，2008；邵挺和袁志刚，2010；王斌，2011；李祥等，2012），实物资本测量方法往往通过对各地区交通状况、信息化水平、教育条件、医疗条件、就业环境与生态环境等实物指标进行标准化处理、加权平均等方法进行核算，最后加总各个指标的得分作为本地区的公共服务水平；第三种是采用居民对住宅区公共服务水平的主观感受作为对住宅区公共服务水平的度量（周京奎，2008；高琳，2012），主观感受测量方法需要事先设计好包含公共服务问项的调查问卷，然后通过对居民的调查访问了解其对住宅区附近公共服务水平的评价值，以此作为对公共服务水平的衡量。本书将综合采用上述三种方式测度各地区的基本公共服务水平，然后在此基础上展开实证研究。

表1-1　　　　　　　　　　基本公共服务主要测度方法

方法分类	代表文献作者	具体内容	方法特点
货币支出法	胡洪曙（2007）、高凌江（2008）、杜雪君等（2009）、踪家峰等（2010）以及李祥等（2012）	使用政府在公共基础设施、公共教育、基本医疗等各方面的财政投入总量或者财政支出强度（即在这些领域的财政支出占财政总支出的比重）对地区公共服务进行测度	优点：简单、易操作、易理解、需要数据少； 缺点：不够直观
实物资本法	安体富和任强（2008）、梁若冰和汤韵（2008）、邵挺和袁志刚（2010）、王斌（2011）以及李祥等（2012）	通过对各地区交通状况、信息化水平、教育条件、医疗条件、就业环境与生态环境等实物指标进行标准化处理、加权平均等方法进行核算，最后加总各个指标的得分	优点：简单，直观，针对性好； 缺点：不易操作。
主观评价法	周京奎（2008）、高琳（2012）	事先设计好包含公共服务问项的调查问卷，然后通过对居民的调查访问了解其对住宅区附近公共服务水平的评价值	优点：直观、针对性高； 缺点：不易操作，数据获取成本较高

资料来源：根据现有文献整理。

1.3.2　溢出效应的含义

溢出效应（Spillover Effect）是与外部性相联系的一个概念，也可将两者视为等同的概念①。新帕尔格雷夫经济学大词典将外部性定义为"一个生产者的产出或投入对另一个生产者的不付代价的副作用……，现代意义上的外部性是指在竞争市场经济中的市场价格不反应生产的边际社会成本。"相对于外部经济性与外部不经济性两个概念，溢出效应也存在正的溢出效应与负的溢出效应两个概念。在研究中，往往直接用溢出效应代表"正的溢出效应"。作为一个在微观经济学领域著作颇丰的经济学家，平狄克（R. Pindyck）在分析药品市场的需求时，指出"溢出效应从本质上讲是一种声誉……从功能上讲，溢出效应类似于一种正的网络外部性"②。

公共物品因其非竞争性与非排他性属性，而广泛存在外部性或者说溢出效应。例如众多文献就对技术、知识等公共产品的溢出效应进行了广泛的讨论（许罗丹等，2004；袁诚、陆挺，2005；蒋殿春、张宇，2008；陈继勇、盛杨泽，2008；刘洪钟、奇震，2012；刘和东，2012）。高波（2003）就认为知识创新与技术扩散是风险投资业实现溢出效应的重要途径。

公共服务同样具有公共物品的特性，因而也具有溢出效应。目前，已经有一些文献发现公共服务的溢出效应。周京奎和吴晓燕（2009）就发现政府对公共交通的投资对经营性房地产的溢出价值较高，而教育投资尤其是中学教育投资对各类房地产的溢出价值均较为稳定。刘生龙和胡鞍钢（2010）发现交通基础设施和信息基础设施对我国的经济增长有着显著的溢出效应。周业安等（2012）则发现政府对教育与科技的支出会产生负的溢出效应，即一个地区增加当地的教育和科技支出会降低相邻地区的技术进步和创新水平。虽然公共服务的溢出效应已经开始为理论界所关注，但是从现有研究来看，系统分析基本公共服务对我国房地产市场的溢出效应的研究还比较匮乏。

1.3.3　基本公共服务对房地产供求变动的影响

住房具有的一种最重要的异质性，就是地段（location）。由于房屋同时还

---

① 刘乃全：《外部性、递增收益与区域经济发展》，载于《外国经济与管理》2000年第10期。

② 李杰、李飒：《平狄克谈市场溢出效应与价格歧视策略——记平狄克教授在广州的两次演讲》，载于《经济学动态》2000年第10期。

具有空间固定性和外部性，当三种特征相结合，仅仅地段的差异，就会对住房的需求产生重大影响。地段的特点则可以包括很多的信息，例如与中心商务区、其他的主要就业场所、商业集中区、交通路线的距离，周边土地的使用情况与生态情况，以及其所在地段的公共服务配套情况。因此，地段的重要性直接影响了居民对房屋的选择。斯塔兹海姆（Straszheim，1973）通过对住户的访问资料来估算房屋需求方程时发现，如果居民的效用函数包括其他商品、房屋、到工作点的距离，然后根据居住权形式、房间数、建造年份、面积分类，以及价格和距离进行分类，那么结果显示工作距离对居住者选择住房的地点有较大影响。特恩布尔（Turnbull，1992）指出，如果考虑消费者要在闲暇和工作之间进行选择，而其上下班时间的长短则会直接影响其闲暇时间，那么对居民房屋的地段选择就与闲暇选择结合在了一起，从而也就与居住房屋的交通便利性结合在一起。

奥尔森（Olsen，1969）提出，可以假设存在一种无差异的单位叫"居住服务"（Housing Service），居住服务这种抽象概念的产生其实也表明了居民对住宅的消费不仅仅局限在住宅本身，住宅可以看作是一种广义的、包含其所配套的公共服务的产品。因此，住宅配套公共服务的提高显然有助于提升居民的消费意愿。更为重要的是，政府在教育、医疗、失业、养老保险等社会保障方面所提供的产品与服务，可以减少居民在这些方面的支出，实际上增加了其可支配的收入，这有助于提高居民对住房的支付能力，因而增加其对住宅的需求。

从中国的现实情况来看，一个更为普遍存在的现象是：由于特殊户籍制度的存在，居民们除了在迁移行为上面会面临一定的成本，在享受当地的基本公共服务上同样会受到限制，因为包括教育资源在内的很多基本公共服务是与居民的户口相挂钩的（Henderson，2007；于建嵘，2008；蔡昉，2010；王列军，2010；冯浩和陆铭，2010；付文林，2012）。熊小林（2010）就认为中国现行的户籍制度将居民的迁徙自由、接受教育和享受社会福利等方面的基本权利限定在户籍所在地的区域内，城乡之间、大城市与小城市之间甚至大城市与大城市之间，存在着不同类型并且封闭的公共服务体系。中国人口与发展研究中心课题组（2012）同样认为我国现行户籍管理制度本质上是一种身份制度，这种制度使得居民在就业、就学、就医等领域享受的是差别化待遇，从而造就了不平等的城市阶层和农村阶层。基本公共服务在区域之间、城市之间尤其是城乡之间的非均等化，使得居民为了享受某些特定的公共服务而不得不首先取得当地的户籍资格，付文林（2007）就发现地方公共服务水平的提高会引起当地户籍人口增加。而通过购买住房的形式实现获取户籍的资格则是最为常用的方式之一。因此，居民对基本公共服务的需求很可能会造成其对房地产尤其是住房引致需求的增加。

从公共服务供给对房地产供给变动的影响来看，国内外的研究均较少，学者们关注的主要是公共服务投资对私人投资的挤入与挤出效应以及保障性住房建设对房地产开发投资的影响。城市住房的供给受到土地要素的制约和政府的管制，切舍尔和谢泼德（Cheshire and Sheppard，1995）指出，土地的市场价格不仅反映出距离 CBD 方便程度的价格，也包含了周边环境特征和当地公共品等诸多房屋具有的非结构性的特征。因此，政府公共服务供给将导致当地土地价格的上升，这并不利于开发商的供给行为。然而政府前期在土地开发上的投入某种程度上来讲降低了房地产开发商的开发成本，并且较好的公共服务配套设施由于预计可以有很好的溢价，会有更多的开发商进入该地区，因而有利于住房的供给。郑思齐和卡恩（Zheng Siqi and Kahn，2011）的实证研究发现，北京奥运村的建设以及两条地铁线路的建设使这些地区的新房供给量明显提高，这表明政府对公共基础设施的投资引致了房地产开发商的开发投资，公共投资与私人投资是互补的关系。

1.3.4　基本公共服务的价格溢出效应

政府的公共服务供给对居民行为的影响一直为经济学家所关注，在较早的文献中，美国经济学家蒂布特（Tiebout，1956）认为居民将衡量各城市的公共服务水平来选择自己居住的城市，蒂布特的研究也被后人形象地称为"用脚投票"理论（Vote with feet）。由此可以很容易地得出一个推论：那些公共服务较好的城市因为吸引大量的劳动力流入，必将刺激当地住宅需求的上升，推动住宅市场的繁荣，助推住宅价格的上涨，蒂布特将之称为"资本化（Capitalization）"。事实上，确实有很多学者对此进行了实证检验，奥茨（Oates，1969）、罗森塔尔（Rosenthal，1999）等利用"用脚投票"理论分别研究美国和英国地区公共支出水平与房价的关系，并得出了相似的结论，即公共支出与房价正相关。而海曼和帕索尔（Hyman and Pasour，1973）的研究则并没有发现地方公共支出对房地产价值有明确的影响，麦克米伦和卡尔森（McMillan and Carlson，1977）同样认为在小城市中地方政府的公共支出并没有资本化到居民的房产价值中。

由于公共服务内涵非常丰富，一些文献则从公共服务的某一个具体的方面入手，探寻其对房价的影响。

一是研究公共基础设施（尤其是地铁）对地区房价的影响。巴伊茨（Bajic，

1983）的实证研究表明距离铁路线近的住宅价格平均要比其他地区的住宅价格高 2 237 美元。福伊特（Voith，1991）以费城为研究对象，发现铁路交通便捷地区的住宅价格要相比其他地区要高出 5 714 美元。加茨拉夫和史密斯（Gatzlaff and Smith，1993）同样证实了靠近地铁站的住宅价格上升得更快。本杰明和希尔曼斯（Benjamin and Sirmans，1996）以华盛顿地区地铁站为例，分析了交通体系对住宅租金的影响。实证结果表明，到地铁站的距离与公寓租金之间存在负相关关系，公寓到地铁站的距离每增加 0.1 公里，租金将下降 2.5%。克纳普、丁和霍普金斯（Knaap，Ding and Hopkins，2001）的研究发现轨道交通项目建设通告发布以后，交通线附近的土地价值会随之上升，他们还建议土地利用和交通设施建设同步进行。麦克迈林和麦克唐纳（McMillen and McDonald，2004）分析了快速公交线路建设前后对房价的影响情况，他们的研究发现当新线路建设的消息被市场很好地接收以后，距离线路较近地区的房价受影响很大。

二是研究公共教育资本对房价的影响。布拉辛顿（Brasington，1999）认为教育的资本化取决于所采取的计量方法，通过采用传统的住宅特征价格模型和空间自回归误差修正模型对公共学校与住宅价格的计量分析发现，每个学生的支出、师生比、教师工资与学生出勤率等因素资本化进了房价之中，升学率、教师的教育经历和水平则并没有资本化进房价中。拜尔等（Bayer，Ferreira and McMillan，2003）对旧金山海湾地区进行研究时发现，学校质量每增加 5%，居民购房的意愿支出将增加 1%，随着人们收入和教育素质的提高，居民愿意为上好学校支付更高的费用。基奥多、埃尔南德斯 - 穆里略和欧阳（Chiodo，Hernández-Murillo and Owyang，2003）对学校质量与房价进行了检验，发现二者之间的关系呈现非线性的变化，当学校质量提高时，为了选择一个更好的学校父母们宁愿支付更高的溢价，尤其当学校的质量非常好的时候，其对房价的溢价更高。而传统的线性检验则倾向于高估低质量学校的溢价，低估高质量学校的溢价。希尔贝尔和迈尔（Hilber and Mayer（2009）的研究甚至发现教育支出对房价的资本化甚至会激励那些没有小孩的家庭、老年人等支持政府对耐久性公共物品尤其是对教育的支出。

三是研究社会治安水平对当地房价的影响。施瓦茨、苏辛和沃伊库（Schwartz，Susin and Voicu，2003）通过特征价格模型及重复销售模型对大量数据进行实证检验后发现，不断下降的犯罪率对纽约市的资产价值有较大的影响，并且推波助澜了纽约市 1994 年以后的房地产泡沫。吉本斯和梅钦（Gibbons and Machin，2008）的研究发现犯罪率确实资本化进了房价中，政府打击犯罪的政策对当地的房价有很大的影响。比舍普和墨菲（Bishop and Murphy，

2011）通过对加利福尼亚州包括住宅交易与犯罪率数据在内的混合面板数据的动态估计，发现为选择那些犯罪率低 10% 的社区，每户家庭平均要多支付472 美元。

四是关注生态环境、空气质量等因素对房价的影响。扎贝尔和基尔（Zabel and Kiel，2000）通过对芝加哥、丹佛、费城、华盛顿四个城市 1974～1991 年空气质量和房屋价格的数据进行分析，得出对臭氧等有利于身体健康的气体的收入系数显著为正的结果。考夫曼和克卢捷（Kaufman and Cloutier，2006）对威斯康星州基诺莎城市的研究发现，住宅资产的价值与住宅周边的公园、环境宜居性等因素显著相关。基尔（Kiel，2006）同样认为人们对其所购买的住房所支付的费用中包含了当地的环境质量，为了获得更好的环境公共产品，人们愿意支付更高的房价。

随着研究的深入，学者们开始更多地关注决定公共服务资本化的条件。施塔德尔曼和毕隆（Stadelmann and Billon，2010）的研究认为公共服务对房价的资本化取决于住房的供给弹性，当供给弹性很小时，资本化现象存在；当供给弹性很大时，资本化现象则不存在，因此住宅区土地的稀缺程度决定了公共服务的资本化。希尔贝尔（Hilber，2011）的研究同样认为在土地管制严厉或者因自然地理条件的约束使得土地供给受限时房价的资本化现象更明显，并且房价的资本化还会进一步诱发耐久性公共物品的提供。卡尔森、朗塞特、拉索和斯坦博（Carlsen，Langset，Rattso and Stambo，2006）的研究发现了一个更有意思的现象，他们发现政府对公共医疗、文化设施以及公共交通等公共服务的投入对当地的房价并没有影响，只有当社区居民对社区附近公共服务的满意度高的时候，房价才会提高。这其实也表明了政府应该提高公共服务投入决策行为的透明度，增加居民的参与程度。

从国内学者的研究来看，国内学者对公共服务投资与房地产供求变动的影响较少涉及，大多关注公共服务的资本化现象。杞明（2005）利用蒂布特的"用脚投票"理论解释了中国地方政府的公共支出促进了房价上涨，高凌江（2008）对我国 35 个大中城市的面板数据进行 OLS 回归分析，发现地方财政支出和房地产价值存在高度正相关关系。踪家峰等（2010）则利用我国 30 个省市自治区 1999～2008 年的面板数据研究地方政府的财政支出资本化问题，实证结果同样表明我国地方政府的财政支出对房价有明显的促进作用。胡洪曙（2007）认为财产税资本化与房产价值负相关，地方公共支出和房产价值正相关；财产税与地方公共支出的转换系数以及地方公共支出的效率系数共同决定房产价值。杜雪君等（2008）利用省际面板数据分析了我国地方政府公共支出、房地产税负与房价之间的关系，研究认为房价与地方政府公共支出、房地产税负之间互为因果关系，房地产税负会抑制房价而公共支出则促进房价，并且公共支出对房价的长期影响大于短期影响而房地产税负对房价的长期影响小于短期影响。冯皓、陆铭（2010）基于上海市 52 个区域的房价与学校分布的月度面板数据，以及"实验性示范性高中"命名的自然实验，发现区域间在基础教育资源数量和质量上的差异已经部分体现在房价上，教育对房价的"资本化"现象确实存在。

从上述文献可知，国内外学者都十分关注公共服务与房地产市场之间的关系，也做了很多的研究，尤其是在公共服务对房价的资本化问题上着墨更多。但是对于公共服务投资对房地产市场供求变动的分析尤其是实证检验研究比较少，并且在研究公共服务资本化问题时，现有文献对于公共服务对房价与租金影响的差异、公共服务房价溢出效应的影响因素、公共服务在区域之间的外部性对房价的影响等方面的研究尚有所欠缺。本书则试图通过构建理论分析框架以及包含宏观与微观数据在内的实证研究回答上述问题。

1.4
研究思路与章节安排

1.4.1　研究思路

在对相关文献回顾梳理的基础上，首先，本书通过对蒂布特模型进行扩展构建分析基本公共服务与房地产市场供求变动的理论分析框架，为全书后续的研究进行铺垫；其次，就基本公共服务对房地产市场"量"的溢出效应展开分析，分别考察基本公共服务供给对房地产开发投资与房地产需求的溢出效应；再次，在基本公共服务无外部性①的假设下，重点分析基本公共服务对房地产价格（包括销售价格与租赁价格）的溢出效应问题，并分别讨论土地供给弹性与房地产税收对基本公共服务的这种价格溢出效应的调节作用；最后，得出本书的研究结论，并根据研究结论提出相关的政策建议、讨论研究还可以进一步展开的方向。整本书的总体框架如图 1-2 所示。

---

① 一般来讲，公共物品都是具有外部性的，此处的外部性重点强调在区域之间的外部性，即本地区的公共服务对相邻地区的外部性。

基本公共服务对房地
产市场影响文献回顾

↓

基本公共服务对房地产市场
影响的理论分析框架

↓

基本公共服务投资与房地产
开发投资的实证分析

| 公共服务 | 总需求扩张 → | 房地产开发投资 |
| | 降低交易成本 → | |

基本公共服务与房地产需求
的实证分析

| 公共服务 | 收入分配效应 → | 房地产需求 |
| | 引致需求效应 → | |

基本公共服务的价格溢出效应研究

公共服务与房地产销售价格

⇓

公共服务与房地产租赁价格

⇓

房地产税收与房地产价格

↓

推进基本公共服务均等化与
促进房地产市场健康发展的思考

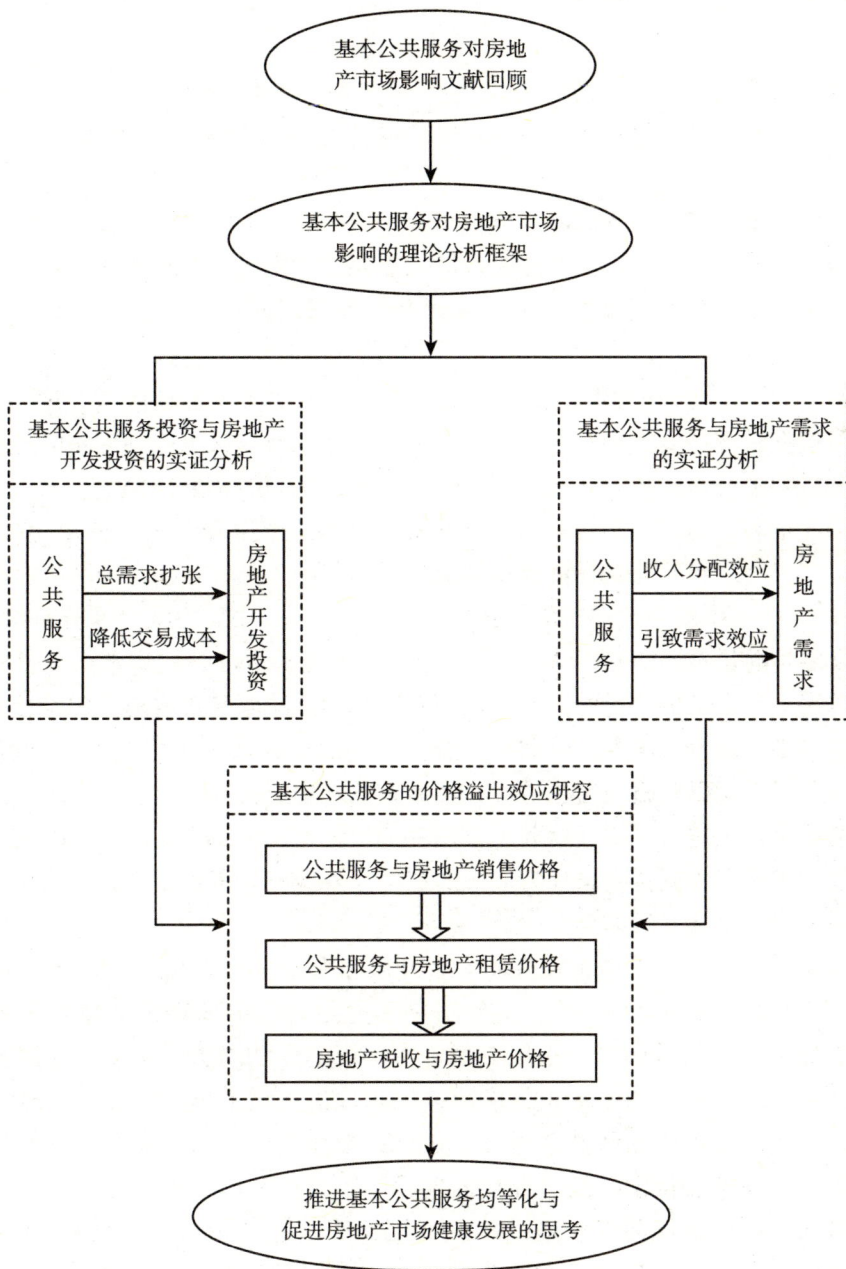

图1－2 本书的逻辑框架

1.4.2　逻辑结构

本书试图通过理论分析和实证检验并分别从"量"和"价"两个方面考察基本公共服务对房地产市场的溢出效应，全书共计八章，基本内容安排如下。

第1章绪论部分首先阐明研究的背景、研究的目的以及理论和现实意义，其次介绍研究的主要内容以及拟采取的主要研究方法，再次界定研究相关的关键概念界定并对相关研究进行了评述，最后探究研究可能存在的创新与不足之处。

第2章试图在分析影响房地产市场供求变动相关因素的基础上，对经典的蒂布特模型进行扩展，构建基本公共服务对房地产市场供求变动影响的理论框架，分析基本公共服务对房地产市场影响的理论机制与主要路径。

第3章和第4章分别考察基本公共服务对房地产市场"量"的溢出效应。第3章在房地产企业开发投资决策理论分析的基础之上，运用全国季度时序数据以及30个大中城市的动态面板数据，并采用系统GMM方法、差分GMM方法以及结构向量自回归（SVAR）等计量经济学分析方法，以房地产开发投资作为对房地产市场供给量的衡量，从而考察基本公共服务对房地产供给量的溢出效应。第4章分析了基本公共服务服务影响居民住房需求的两种主要路径，即收入分配效应以及引致需求效应，然后在此基础上就基本公共服务对房地产需求的溢出效应进行了实证检验，最后在30个大中城市居民微观调研数据的基础上，采用问卷调查衡量住宅周边的基本公共服务并考察基本公共服务对居民家庭住宅权属选择的影响。

第5章到第7章则详细探究基本公共服务对房地产市场"价"的溢出效应。第5章以即将举办2014年青年奥林匹克运动会的南京市为案例分析对象，在理论模型的基础上，采用实物资本法衡量住宅周边的基本公共服务并考察其对住宅销售价格的溢出效应，最后则分析在城市核心区域、次核心区域与边缘区域土地供给弹性继而住宅供给弹性存在差异的情况下，基本公共服务对住宅销售价格溢出效应存在的差异。第6章在第5章的基础上，仍然运用对南京市的微观调查数据，并同样采用实物资本法衡量住宅周边的基本公共服务，然后在此基础上考察基本公共服务对住宅租赁价格的溢出效应，最后则从政府基本公共服务供给的视角，探究了中国城市房价租金呈现出"剪刀差"的另一种可能原因。第7章从政府基本公共服务财力来源之一的房地产业税收出发，试图考察房地产业税收对基本公共服务的价格溢出效应产生的影响。这章首先分析 1998 年以来中国以及 30 个省（市/自治区）的房地产税负水平，在此基础上运用省际面板数据考察房地产税收、公共服务供给对房价的影响。

第 8 章是整个研究的总结部分，本部分首先将得出全书的研究结论，然后在研究结论的基础上提出相关的政策建议，最后则指出研究还需要进一步深入的地方。

1.5
可能的创新与不足

1.5.1 研究可能的创新之处

（1）理论框架的创新：在分析影响房地产市场供求变动影响因素的基础上，扩展蒂布特模型，构建基本公共服务影响房地产市场供求变动理论框架。

在分析影响房地产市场供求变动影响因素的基础上，本书从供求变动、"资本化"等角度去探究基本公共服务对房地产市场的影响，结合总需求—总供给（AD－AS）模型、地方政府税收竞争模型、消费者最优化理论等，对蒂布特地方公共产品与辖区竞争的经典模型进行借鉴与扩展，构建符合基本原理和逻辑推理的理论模型，分析基本公共服务对房地产市场供求变动的影响机制与路径。

（2）研究视角的创新：综合考察基本公共服务对房地产市场"量"和"价"的溢出效应。

基本公共服务对房地产市场"价"的影响，即所谓基本公共服务对本地房价的"资本化"被学者们较多地关注，且已经取得了一定的研究成果。然而，房地产市场的"量"——供给量与需求量同样是衡量房地产市场运行的重要指标。本书除了考察基本公共服务外溢对房价的影响，还将考察基本公共服务对房地产供给与需求的溢出效应。

（3）实证方法的创新：宏观数据与微观数据结合使用，采用三种方法测度基本公共服务水平。

在实证研究方面，本书一方面基于宏观数据进行实证检验，另一方面使用微观数据进行佐证。宏观数据包括全国时间序列数据以及省际、大中城市面板数据；微观数据包括对北京、上海、深圳、广州等全国 30 个城市居民进行的问卷调查①以及南京市存量住宅交易的案例分析。更为重要的是，基于上述宏观与微观相结合的数据，本书将采取货币支出法、实物资本衡量法和居民问卷调查三种方法测度基本公共服务，进而进行相关的实证检验。

1.5.2 研究的不足之处

（1）本书未能考虑政府基本公共服务支出行为以及支出效率，仅视基本公共服务支出为外生变量。

基本公共服务支出是政府在公共财政体制下的一种财政支出行为，旨在改善民生，提升社会福利水平。因此，理论上来讲，基本公共服务支出是政府综合考虑社会福利的一种行为，并非外生性变量。本书的研究则将基本公共服务支出视为外生变量，如果能够构建政府、企业与居民个人三部门在内的一般均衡模型来分析基本公共服务对房地产市场的溢出效应，可能会取得更多富有价值的结论。实际上，政府基本公共服务支出行为已经受到越来越多的重视，例如昌炜和王伟同（2008）就基于政府偏好以及政府效率的视角讨论了政府责任与公共服务供给问题，王炜（2012）则讨论了社会成员公平地承担公共服务的提供成本问题。

（2）未能考虑居民对不同基本公共服务的偏好及基本公共服务在区域之间的外溢性对房地产市场的影响。

基本公共服务所涵盖的内容非常之丰富，因此，居民对不同公共服务的偏好是会存在差异的，例如一些居民偏好具有较好医疗资源的住房，而有的居民可能更加偏好生态环境较好的住房。本书并没有考察居民对各种基本公共服务的偏好问题。此外，基本公共服务在区域之间不存在外溢效应是蒂布特模型最核心的假设之一，也是其他相关研究所遵循的一个重要假设。然而作为政府提供的重要公共物品，基本公共服务除了在本区域内具有外部性，在区域间的外部性同样是其重要属性。本书的研究主要聚焦在基本公共服务对本地房地产市场供求与房地产价格的影响，受技术与能力的限制未能考察基本公共服务在区域之间的外部性对房地产市场供求与房地产价格的影响。

（3）未能进一步对基本公共服务在区域之间与城乡之间的均等化对房地产市场尤其是房价的影响进行实证分析。

---

① 2011年6~11月，南京大学高波教授主持的教育部哲学社会科学研究重大课题攻关项目《我国城市住房制度改革研究》课题组对北京、上海、深圳、广州、南京、杭州等全国30个大中城市进行了大规模的问卷调查，这些微观调查数据对本研究将是强有力的支撑。

推进基本公共服务均等化的目的之一是为了改善民生，让发展的成果为人民所分享。随着基本公共服务在区域之间与城乡之间逐步实现均等化，居民在选择居住地区时将有更多的自由，人口在区域之间、大中小城市之间以及城乡之间的分布将更趋合理，随之而来的则是房地产供求在各区域之间的分布更加合理。然而本书并没有涉及这种情况下房价可能会有怎样的变动趋势和特点，这将是下一步研究所要重点关注的课题。

第 2 章

基本公共服务供给与房地产市场：
一个理论分析框架

2.1
房地产的供给与需求

在经济学分析中，供求分析是最基本也是最重要的分析方法之一，尤其是在分析某一具体的产品市场时，从分析其需求、供给着手更是常用的方法。从房地产市场来看，房地产需求和房地产供给是房地产市场得以运行的基础，也是房地产价格最基本的决定因素（高波，2010）。然而房地产市场却有着一些不同于一般商品市场的特点，以商品房为例，它是少数几种既可充当消费品又可充当资本品的商品，在我国，新建商品房屋的销售是统计在固定资产投资一栏的，因此，其需求乃至价格会受到金融市场和资本市场的巨大影响。而且，商品房的供给还受到土地要素的严格制约和政府的诸多管制，这些都是传统经济理论中一般商品所不具有的特征。此外，房屋还具有高度的异质性位置上的固定性，即使是位于同一个地段的同一个小区里面的同一个楼盘，因为所处楼层、方向、户型、装修条件等等条件的不同，人们对房屋的需求也会有所不同。可以说，房屋是具有相当大复杂性的一类商品。

虽然有如此多的特殊之处，但是仍然可以借鉴微观经济学的相关理论对房地产的供给与需求进行分析。为了克服房屋存在的高度异质性问题，奥尔森（Olsen，1969）提出，尽管某种程度上来见，不存在完全相同的两套房屋，但是可以假设存在一种无差异的单位——"居住服务"（housing service），即是房屋为居住者提供的一种同质化的居住服务，这种服务在质量上是无差异的，只存在数量上的差异，因此房屋在质量上的差异可看成是其反映的所提供

"居住服务"的单位数量多少。由于"居住服务"其本身是同质的，单位服务的市场价格应是固定和可比的，相应地，消费者的决策就由选择最优住房消费量变成选择最优"居住服务"的消费量。在此假设基础初上，就可以对房地产的供给和需求进行简单的分析。

2.1.1　房地产的供给

不同于一般消费品，住房往往具有良好的耐用性，因而房地产市场一个重要的特性在于房地产的供给一般由两个部分组成，即房屋的供给量不仅由增量市场上开发商新建造的房屋数量决定，也由存量市场中持有存量住房的人试图卖掉的房屋数量决定（朱喆，2005），某种程度上而言存量房的租赁也可看做是供给行为，而且相比新建造的房屋而言，存量房屋的市场规模要大得多。然而由于存量房市场涉及的随机因素非常多，本书主要从住房生产者也就是房地产开发企业的角度对新建造的房屋进行分析，简单考虑新房的供给问题。

假设房地产开发企业需要生产的房屋都是同质的，因此，即可以用传统的生产理论来分析房地产开发商的决策以及住房的供给。在房屋的生产过程中，需要投入的要素大致可以分为土地、劳动力、资本（主要为现金形式）以及其他（如钢材等建筑材料）。在这些投入要素中，土地要素具有一定的特殊性。一方面，土地属于不可再生资源中的一种，这就决定了其供给是有限的；另一方面现实中土地由于对经济社会发展的重要性，其使用往往受到政府规划、地形条件或者气候条件等诸多因素的限制，这些就决定了获取土地的边际成本是递增的。因此，当住房产量的单位是面积时，土地要素的最大投入量就直接决定了住房可能的总产出量[①]，而劳动力等其他要素则不具备这样的决定性（朱喆，2005）。

按照传统的生产理论，假设住房的生产函数为：

$$y = f(x, L), L \leqslant \overline{L} \qquad (2.1)$$

其中，x 是除土地之外的其他生产要素，L 是土地要素，由于土地要素的有限性，因此，土地供给的最大规模为 $\overline{L}$，所以 $y \leqslant \overline{y} = f(x, \overline{L})$，且生产函数

---

① 当土地面积被限定时，可以通过增加楼高的方法增加房屋面积的生产，这一方法在房地产业的术语上叫做增加容积率。然而容积率的提高会受到自然因素的限制，土地的不同地质条件决定了对高楼高度的承受能力，并且楼层越高的房屋，其周围需要预留出的空间也就相应越大，所以通过提高容积率来增加房屋面积的产量是很有限的手段。此外，由于城市规划、土地用途管制等原因，一个地方的容积率也是被限制的。因此，可以认为土地资源的有限性决定了房屋的最大可能产量。

满足规模报酬递减。

假定 r_x 与 r_L 分别是两类投入要素的价格，P_h 是住房的市场价格，则房地产开发企业的利润函数可以表示为：

$$\pi(P_h, r_x, r_L) = \max P_h y - r_x x - r_L L, \text{ 且 } y \geq 0, x \geq 0, L \geq 0 \quad (2.2)$$

其中，利润函数 π 应满足：$\pi(P_h, r_x, r_L)$ 在 P_h，r_x，r_L 上是连续的，$\frac{\partial \pi}{\partial P_h} > 0$，$\frac{\partial \pi}{\partial r_x} < 0$，$\frac{\partial \pi}{\partial r_L} < 0$，并且 π 函数的二阶导数非负。

因此，房地产开发企业的利润最大化问题即为：

$$\max P_h y - r_x x - r_L L$$
$$s.\,t.\ y \leq f(x, L) \leq \bar{y} \quad (2.3)$$

求解上述最优化问题，即可得到使利润最大化的要素投入量 $x^*(P_h, r_x, r_L)$，$L^*(P_h, r_x, r_L)$，将其代入生产函数即可得到最优产出量 $y^*(P_h, r_x, r_L)$，$y^*(P_h, r_x, r_L)$ 即为住房的供给函数，满足 $\frac{\partial y^*}{\partial P_h} > 0$，$\frac{\partial y^*}{\partial r_x} < 0$，$\frac{\partial y^*}{\partial r_L} < 0$ 且 $y^*(P_h, r_x, r_L) \leq \bar{L}$。如果产量的单位是住房的面积，那么生产住房的边际成本就是每增加生产单位面积住房所增加的生产成本，当住房生产的边际成本等于其边际价格时，厂商实现利润的最大化。

根据住房的供给函数以及其满足的条件，可以画出相应的住房供给曲线（如图 2-1 所示）。由图 2-1 可知，住房的供给曲线是一条向右上方倾斜的曲线，住房的价格越低，房地产开发企业生产的住房越少，住房的价格越高，房地产开发企业生产的住房越多，但是由于土地资源的限制，住房的供给量不会超过其能达到最大值 $\bar{Q}$。

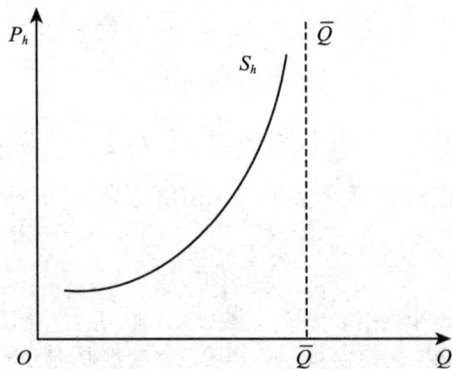

图 2-1　住房供给曲线

2.1.2 房地产的需求

在本书中，我们不严格区分居民购买住房行为中的自住消费行为、投资购房行为与投机购房行为[①]。假设消费者以购买住房 $h(h_1, h_2, \cdots, h_n)$ 和其他物品 $x(x_1, x_2, \cdots, x_n)$ 的支出组合 $X = X(x, h)$ 以实现效用最大化，这种消费组合的效用函数为：

$$U(x,h) = \prod X_i^{\alpha} \qquad (2.4)$$

其中，$0 < \alpha_i < 1$，$X_i \geqslant 0$。

居民的可支配收入为 Y，并全部用于购买住房与其他商品，假定一单位住房服务的价格为 P_h，住房以外的其他商品价格为 P_c，不考虑税收等其他因素，则居民关于住房消费的最优化函数为：

$$\max_{x, h} U(x, h) = \max_{x, h} \prod X_i^{\alpha}$$
$$s.t.\ P_h h + P_x x = Y \qquad (2.5)$$

解上述最优化问题，可知消费者实现效用最大化时，应满足住房和其他商品的价格之比等于边际替代率，即等于住房和其他商品的边际效用之比，即：

$$\frac{P_h}{P_x} = MRS_{hx} = \frac{MU_h}{MU_x} \qquad (2.6)$$

并可得到消费者的住房需求函数 $D_h = f_h(P_h, Y,)$，并且 $\frac{\partial f_h}{\partial Y} > 0$、$\frac{\partial f_h}{\partial P_h} < 0$。

因此，根据住房需求函数以及其满足的条件，可以画出消费者的住房需求曲线（如图 2 - 2 所示）。由图 2 - 2 可知，住房的需求曲线是一条向右下方倾斜的曲线，住房的价格越高，消费者对住房的需求要少，住房的价格越低，消费者对住房的需求越多。

以上分析仅仅是简单地考虑了房地产市场本身的需求和供给行为，实际上影响房地产供给和需求的因素非常多。在城市化不断推进、人口流动日益频繁的情况下，人们对住房的选择将是多方位的，人们对于住房的区位要求越来越高。因此，下文将在蒂布特公共产品与辖区竞争理论基础上，嵌入基本公共服

[①] 虽然从学理上区别住房的消费需求和投资、投机需求是一件简单的事情，然而在现实中我们很难有有效的办法区分二者。由于此处主要讨论的是居民的住房需求行为并继而讨论基本公共服务对住房需求的影响，因而我们进行了简化，不严格区分居民的消费需求和投资、投机需求。

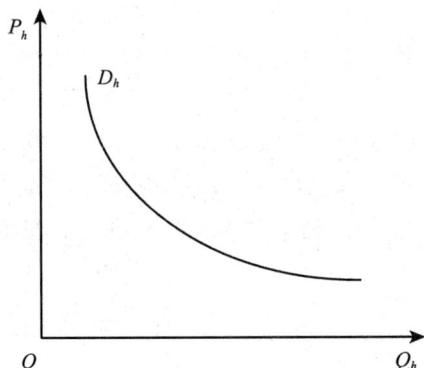

图 2 - 2　住房需求曲线

务这一住房区位质量的重要衡量指标，考察基本公共服务对房地产市场的影响。

2.2
基本公共服务与房地产供求变动：
对蒂布特模型的借鉴

2.2.1　"用脚投票"——蒂布特公共产品与辖区竞争理论

美国经济学家查尔斯·米尔斯·蒂布特（Tiebout，1956）在《一个关于地方支出的纯理论》一文中考察了具有流动性的居民在一个大都市中面对不同区域政府给出不同的一揽子公共服务开支与税率政策时，将出现的情况：居民选择相应财政政策（包括财政收入和支出政策两部分）的地区来消费"居住服务"，他们通过"用脚投票"来显示出对公共物品的偏好。蒂布特在文中提出了一个影响深远同时也备受争议的假说，即公共物品可以通过辖区之间的竞争实现有效供给。模型另一个亟待验证的假设则是对房屋和公共物品需求相近的居民会聚集成社区，居民对公共物品的"用脚投票"将最终影响当地的房产价值，蒂布特将之称为"财政的资本化"。蒂布特模型及其相关论点得以成立依赖于一系列非常严格的前提条件：①居民能够在各区域之间充分地自由流动，并选择能够最好地满足他们偏好的社区；②居民具有对各区域政府的公共服务支出和财产税率等变量的完全信息；③有许多的社区可供居民们选择；④不考虑居民在各区域之间的就业状况；⑤各个社区之间，公共服务不存在外部经济或者外部不经济；⑥各区域根据当地居民的偏好提供公共服务；⑦未达到最有效规模的区域有激励提供公共服务。虽然这些假设过于严格，有些甚至是不符合现实的，但是蒂布特模型仍然具有丰富的政策含义并获得了一些学者的高度评价。美国著名经济学家，2001 年诺贝尔经济学奖获得者约瑟夫·斯蒂格利茨（Stiglitz，1983）就认为蒂布特的研究是一个"伟大的见解"。

蒂布特的研究引发了广泛的讨论，在他的研究之后，学者们进行了大量细致而深入的研究以期对蒂布特模型进行验证和完善，其中最具有代表性的研究是由美国马里兰大学华莱士·奥茨（Oates）教授做出的。奥茨（1969）通过研究发现地区在财产税和公共服务上的差别确实反映在了当地住房的价值中，比如在那些学校质量较高、税率较低的社区中，住房价值往往较高。奥茨的研究证明了潜在居民确实会对地方政府提供的公共产品进行衡量——即所谓"用脚投票"，这一研究为蒂布特模型注入了新的活力，蒂布特模型进一步演变为蒂布特—奥茨模型。汉密尔顿（Hamilton，1975，1976）、费雪（Fischel，2000）则通过"分区"（Zoning）的办法研究蒂布特模型中的"搭便车"问题，进一步推进了蒂布特模型①。

当然，蒂布特的研究也同样引起了一些学者们的批评。布坎南和戈茨（Buchanan and Goetz，1972）认为蒂布特模型忽视了区域之间在地理位置上存在差异的这一重要特征。另外，由于空间的限制，地方政府对公共物品的供给也是受限制的。埃普尔和泽伦尼茨（Epple and Zelenitz，1981）认为尽管可以假定居民在各区域之间可以自由流动，但是土地本身是无法流动的，因此，增加辖区的数目虽然能够在一定程度上限制但不能够彻底根除政府对权力的使用，因此大量辖区之间的竞争并不足以使得公共部门产生效率。比威利（Bewely，1982）认为蒂布特模型中有许多非常严格的假定，以至于其所讨论的公共产品在某种程度上变成了私人物品，有效率的不是公共产品而是私人产品，因而蒂布特所得到的结论并不具有一般性。对蒂布特假说最有效的攻击来自于经济学家英格尔（Yinger），他的研究认为，因为没有把地方政府财政支出的资本化考虑进房屋价值中去，所以蒂布特的分析并不完善，例如，当地方政府的公共物品开支在某一个地区将增加时，该地区的房屋价格会因为考虑进这一因素而上升，这就会影响到居住者对地段的选择以及投票的结果。

综上所述，蒂布特模型主要用来说明居民们在选择居住地时，将综合考虑当地的公共服务水平以及财产税率等因素，即采用"用脚投票"的方式。这

① 一些学者也因此将蒂布特模型称为"蒂布特—奥茨—汉密尔顿模型"。参见曹荣湘、吴欣望：《蒂布特模型》，社会科学文献出版社 2004 年版。

将会影响居住地的住宅价值。可见，蒂布特模型一个引申的命题即是公共服务对房地产价值或者说价格存在溢出效应。虽然蒂布特模型一个暗含的假设是公共服务水平的提高将促进人们住房需求的增加，即公共服务对住宅需求存在溢出效应，但学者们并没有较多地关注这种机制。此外，蒂布特模型也没有考虑到当地方政府提供较高的公共服务水平时，会对当地的住房供给产生什么样的影响。本书则提出一个大胆的假设，认为公共服务水平的提高还会促进当地住宅的供给，即公共服务对住宅供给也会产生溢出效应。本节通过对蒂布特模型进行借鉴，就基本公共服务对房地产供求变动的影响进行理论分析，为全书的研究提供一个理论分析框架。

2.2.2 基本公共服务与房地产开发投资

房地产企业的开发投资决策主要取决于其对未来开发利润的预期 $\prod^e$，预期开发利润则可分为两个部分：一是房地产的开发量，二是房地产的开发成本。因此，预期开发利润可以表示为：

$$\prod{}^e = P_h{}^e Q^s - C \tag{2.7}$$

其中，$P_h{}^e$ 表示开发商对房价的预期，取决于开发商对房地产市场的判断；Q^s 表示房地产的开发量；C 则为房地产的开发成本。预期开发利润越高，房地产企业越倾向于做出开发投资决策。

为不失一般性，假定开发商投入土地（L）、资金（K）和劳动力（N）三种要素进行房地产开发，即：

$$Q^s = f(L, K, N) \tag{2.8}$$

开发成本一般可分为两类：第一类成本是不随开发量变化而变化的固定成本 C^f，第二类成本则是可变成本，根据本文设定的生产函数，可变成本可以进一步分为三种。第一种成本是资金成本 C^k，考虑到目前我国的房地产市场主要是增量主导的市场，在增量市场中，房地产开发商的土地购置、住宅建设等经营活动均离不开资金的支持。根据况伟大（2010）的研究，房地产开发企业的资金主要包括自有资金和银行贷款，银行贷款对利率（r）的变化极为敏感，而自有资金应与银行贷款获得相同的资本回报。因此，资金成本是房地产开发企业承担的主要成本之一，且利率 r 越高，资金成本 C^k 越高，即 $\frac{\partial C^k}{\partial r} > 0$。

第二种成本是除了资本以外，其他包括土地 E 和劳动力 L 等在内的投入要素

的成本 C^o，这类成本则受对应投入要素的市场价格的影响。第三种成本主要是开发环节的各种交易成本 C^t，陈德球等（2012）就认为基础设施的有效提供、法律的供给和秩序的维持等是政府质量的主要体现，而政府质量在节约企业交易成本、增强企业竞争力和资源配置效率等方面则发挥着至关重要的作用。因此，政府基本公共服务支出（PS）所形成的安全的公共秩序、完善的交通基础设施与优良的通信和信息条件等毫无疑问有助于降低房地产企业的交易成本，即 $\dfrac{\partial C^t}{\partial PS} < 0$。

因此，房地产开发商的预期利润最终可以表示为：

$$\prod{}^e = P_h{}^e [f(L,K,N)] - \sum C^i \qquad (2.9)$$

基于上述分析，为了考察基本公共服务对房地产开发投资的影响，将式（2.9）对 PS 求导，可以得到下式：

$$\frac{\partial \prod{}^e}{\partial PS} = -\frac{\partial C^t}{\partial PS} > 0 \qquad (2.10)$$

上式即表明政府公共服务支出对房地产开发预期利润有正向影响，由于预期开发利润越高，开发商越倾向于增加开发投资，因此政府公共服务支出对房地产开发投资有正向影响。

除了可以通过降低交易成本的渠道而促进房地产开发投资，政府的公共服务支出还可以通过总需求扩张的渠道促进房地产开发投资。政府公共服务支出本身就是总需求的一部分，因此，政府增加公共服务支出一定程度上意味着总需求的扩张，总需求扩张则可以增加就业机会、提高人们的收入，这将会进一步提高包括房地产需求在内的总需求，从而促进房地产开发投资的增加（董昕，2010）。

将上述理论分析用图形表示，如图 2-3 所示。在其他因素不便的情况下，房地产开发商将更加倾向于在基本公共服务水平较高的地区开发住宅。因此，基本公共服务水平的提高，将使得开发商的开发投资增加，亦即住宅的供给增加，这在图形上的表示就是住宅的供给曲线向右平移为 S'_h，但是由于土地资源的约束，住房供给量 Q 仍然不会超过 $\bar{Q}$ 线。

2.2.3 基本公共服务与房地产需求

如前所述，根据蒂布特的研究，居民在选择居住地时将综合考虑包括当地

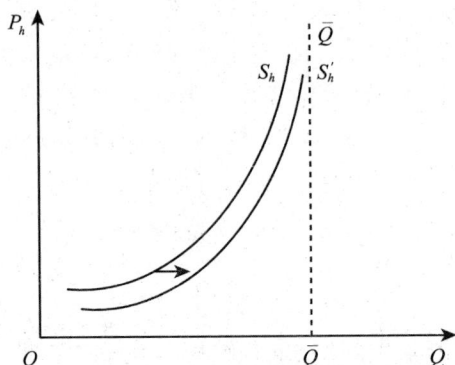

图 2 – 3　基本公共服务与住房供给

公共服务水平在内的各种因素，并在自己的预算约束下选择不同的商品组合来获得最大效用。因此，本书假定消费者面对的商品向量 X 包含三类：一般消费品 x、住房 h 和基本公共服务 PS，即 $X = X(x, h, PS)$，这种消费组合的效用函数为：

$$U(X) = \prod X_i^\alpha \tag{2.11}$$

其中，$0 < \alpha < 1$，$X_i \geqslant 0$。

建立一个拥有 I 个地区 N 个消费者的模型，地区 i（$i \in [1, I]$）代表性消费者 j（$j \in [1, n]$，且 $\sum_i^I n_i = N$）的年均可支配收入为 Y_{ij}，用于一般商品、住房和公共服务的消费，并且一单位住房服务的价格为 P_h，一般商品 x 是计价品，其价格标准化为 1。一般来讲，消费者可通过租房或者买房两种方式解决住房需求问题，由于中国目前房地产大规模开发阶段尚未结束，我们假定消费者均是通过买房的方式解决住房需求问题。

因此，考虑基本公共服务选择与"用脚投票"以后，居民关于住房消费的一个最优化函数为：

$$\max_{x,h} U(x, h) = \max_{x,h} \prod X_i^\alpha$$
$$\text{s. t. } P_h h + x = Y \tag{2.12}$$

解上述最优化问题，可得到消费者的住房需求函数 $D_h = f_h(P_h, Y,)$，并且住房需求函数满足 $\dfrac{\partial f_h}{\partial Y} > 0$，$\dfrac{\partial f_h}{\partial P_h} < 0$。

基本公共服务则可以通过至少两个渠道影响居民的住房消费需求。

1. 收入分配效应

刘晓峰等（2010）认为城市劳动力的人均实际收入应该包括工资收入与公共服务福利两部分，因此公共服务的改善本身就会提高人们的实际收入。更为重要的是，公共服务还会通过教育等渠道影响劳动力的人力资本积累。研究进一步认为当城市里移民规模达到一定水平时，对于移民的公共服务歧视就可能加剧城市内部不同户籍身份的劳动力之间的收入差距以及社会冲突，从而造成社会资源的非生产性消耗。这时，通过分享公共服务、促进社会融合来减少收入差距和社会冲突，就可能有利于城市部门的资本积累、经济增长和城乡居民收入的共同提高。

吕炜和赵佳佳（2007）认为提供像教育、医疗等重要的公共服务能够突破低收入群体由于较低的初始财富导致在人力资本投资、职业选择、工资、技术水平方面不良状态的瓶颈，并最终改变收入分配格局。研究还进一步分析了公共服务改善收入分配的两个途径：首先，公共服务会作为一种因素进入生产函数进而影响收入；其次，公共服务可以通过提高福利水平影响收入分配。最终的实证研究对公共服务有助于调节收入分配的观点提供了支持。

因此，可以认为公共服务的提高对于改善收入分配、提高居民实际收入具有重要作用。如果公共服务仍用 PS 来表示，那么公共服务与居民可支配收入即存在如下关系：$\dfrac{\partial Y}{\partial PS} > 0$。

由此可以得到：$\dfrac{\partial f_h}{\partial PS} = \dfrac{\partial f_h}{\partial Y}\dfrac{\partial Y}{\partial PS} > 0$，这也就表明了公共服务的提高将促进居民住房需求的增加。

2. 引致需求效应

由于中国存在特殊的户籍制度，居民们在享受当地的基本公共服务上同样会受到限制，例如包括教育资源在内的很多基本公共服务是与居民的户口相挂钩的（Henderson，2007；于建嵘，2008；蔡昉，2010；王列军，2010；冯浩和陆铭，2010；付文林，2012）。熊小林（2010）就认为中国现行的户籍制度将居民的迁徙自由、接受教育和享受社会福利等方面的基本权利限定在户籍所在地的区域内，城乡之间、大城市与小城市之间甚至大城市与大城市之间，存在着不同类型并且封闭的公共服务体系。中国人口与发展研究中心课题组（2012）同样认为我国现行户籍管理制度本质上是一种身份制度，这种制度使得居民在就业、就学、就医等领域享受的是差别化待遇，从而造就了不平等的城市阶层和农村阶层。基本公共服务在区域之间、城市之间尤其是城乡之间的不均衡，使居民为了享受某些特定的公共服务而不得不首先取得当地的户籍资格，付文林（2007）就发现地方公共服务水平的提高会引起当地户籍人口增加。而通过购买住房实现获取户籍资格则是最为常用的方式之一。因此，居民对基本公共服务的需求很可能会引起当地房地产尤其是住房需求的增加。

　　将上述理论分析用图形表示，如图2－4所示。在其他因素不变的情况下，人们将更加倾向于享有较高基本公共服务水平的住宅，也即基本公共服务水平的提高，将使得居民对住房的需求提高，反映在图形上就是居民的住宅需求曲线向右平移为 D'_h。

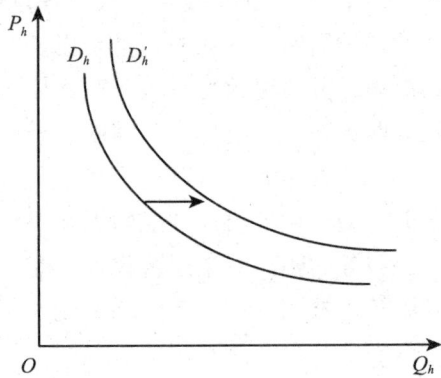

图 2－4　基本公共服务与住房需求

2.3
基本公共服务的价格溢出效应理论分析

　　上述理论分析表明，基本公共服务对房地产需求与供给都会产生溢出效应，也即造成房地产供给曲线与需求曲线向右移动，那么在此状况下，房价的变动则取决于需求与供给的相对变动。因此，还需要就基本公共服务供给对房地产价格的影响做进一步的理论分析。

　　如前所述，假定居民在选择居住地时将综合考虑当地的税收负担与公共服务水平，并在自己的预算约束下选择不同的商品组合来获得最大效用。仍然假定消费者面对的商品向量 X 包含三类：一般消费品 x、住房 h 和公共服务 PS，即 $X = X(x, h, PS)$，效用函数为：

$$U = \prod X_i^{\alpha}$$
$$0 < \alpha_i < 1, X_i \geqslant 0 \tag{2.13}$$

考虑一个拥有 I 个地区 N 个消费者的模型，地区 i（$i \in [1, I]$）代表性消费者 j（$j \in [1, n]$，且 $\sum_i^I n_i = N$）的年均可支配收入为 y_{ij}，用于一般商品、住房和公共服务的消费。一般来讲，消费者可通过租房或者买房两种方式解决住房问题，中国目前房地产大规模开发阶段尚未结束，我们假定消费者均是通过买房的方式解决住房问题。此外，本书还做出如下假定：（1）一般商品 x 是计价品，其价格标准化为 1；（2）根据邹至庄和牛霖琳（2010）的研究，假定住房的供给弹性大于需求弹性；（3）不考虑住房的维修与折旧；（4）根据符育明（Fu Yuming）、郑思齐（Zheng Siqi）和刘洪玉（Liu Hongyu，2008）、邵挺和袁志刚（2010）以及高波、陈健和邹琳华（2012）的研究，假定居民在各地区可以自由流动。

因此，i 地区代表性消费者 j 的效用最大化问题为：

$$\max_{h_{ij}} U = x_{ij}^{\alpha} h_{ij}^{\beta} PS_i^{\gamma}$$
$$\text{s. t. } y_{ij} = x_{ij} + P_{h_{ij}} h_{ij} \tag{2.14}$$

式中，α、β、γ 分别为一般商品、住房与公共服务对消费者效用的贡献，$P_{h_{ij}}$ 表示房价。求解该最大化问题可得代表性消费者的间接效用函数 v（y_{ij}，$P_{h_{ij}}$，PS_i）。

根据埃普尔和泽伦尼茨（Epple and Zelenitz，1981）、施塔德尔曼和毕隆（Stadelmann and Billon，2010）的研究，由于假定居民可在各地区自由流动，则均衡时居民在任一地区的效用是相等的，因此：

$$v(y_i, P_{h_i}, PS_i) = v(y_j, P_{h_j}, PS_j), i, j \in [1, I], i \neq j \tag{2.15}$$

假定地区 i 住房的总供给量为 H_i，则住房市场出清的条件是：

$$\sum_i^I n_i h_i = \sum_i^I H_i \tag{2.16}$$

由式（2.16）可得：

$$\sum_i^I \frac{H_i}{h_i} = N \tag{2.17}$$

均衡的房价水平由式（2.15）、式（2.17）共同决定，即 $P_h = P_h$（y，t，PS）。为了分析基本公共服务对于房价的影响，将将式（2.15）、式（2.17）分别对 PS_i 求导，可以得到：

$$\frac{\partial v}{\partial P_{h_i}}\frac{\partial P_{h_i}}{\partial PS_i} + \frac{\partial v}{\partial PS_i} = \frac{\partial v}{\partial P_{h_j}}\frac{\partial P_{h_j}}{\partial PS_i} \tag{2.18}$$

$$\frac{1}{h_i^2}\left(\frac{\partial H_i}{\partial P_{h_i}}\frac{\partial P_{h_i}}{\partial PS_i}\cdot h_i - \frac{\partial h_i}{\partial P_{h_i}}\frac{\partial P_{h_i}}{\partial PS_i}\cdot H_i\right) +$$

$$\sum_{j\neq i}\left[\frac{1}{h_j^2}\left(\frac{\partial H_j}{\partial P_{h_j}}\frac{\partial P_{h_j}}{\partial PS_i}\cdot h_j - \frac{\partial h_j}{\partial P_{h_j}}\frac{\partial P_{h_j}}{\partial PS_i}\cdot H_j\right)\right] = 0 \tag{2.19}$$

先看式（2.18）：

将式（2.18）变形为：

$$\frac{\partial v}{\partial P_{h_i}}\frac{\partial P_{h_i}}{\partial PS_i} - \frac{\partial v}{\partial P_{h_j}}\frac{\partial P_{h_j}}{\partial PS_i} = -\frac{\partial v}{\partial PS_i} \tag{2.20}$$

等式两边同时除以 $\frac{\partial v}{\partial y}$，可以得到：

$$\frac{\partial v/\partial P_{h_i}}{\partial v/\partial y}\frac{\partial P_{h_i}}{\partial PS_i} - \frac{\partial v/\partial P_{h_j}}{\partial v/\partial y}\frac{\partial P_{h_j}}{\partial PS_i} = -\frac{\partial v/\partial PS_i}{\partial v/\partial y} \tag{2.21}$$

定义 $MRS_i = \dfrac{\frac{\partial v}{\partial PS_i}}{\frac{\partial v}{\partial y_i}}$ 为公共服务与收入之间的边际替代率，根据罗伊恒等式

$h_i^* = h_i(P_{h_i}, y) = -\dfrac{\partial v(P_{h_i}, y)/\partial P_{h_i}}{\partial v(P_{h_i}, y)/\partial y}$，则式（2.21）变为：

$$-h_i\times\frac{\partial P_{h_i}}{\partial PS_i} + h_j\times\frac{\partial P_{h_j}}{\partial PS_i} = -MRS_i \tag{2.22}$$

由式（2.22）可得：

$$\frac{\partial P_{h_j}}{\partial PS_i} = \frac{h_i}{h_j}\frac{\partial P_{h_i}}{\partial PS_i} - \frac{MRS_i}{h_j} \tag{2.23}$$

再看式（2.19）：

将式（2.19）变形为：

$$\frac{1}{h_i^2}\left(\frac{\partial H_i}{\partial P_{h_i}}\frac{P_{h_i}}{H_i}\frac{H_i}{P_{h_i}}\times h_i\times\frac{\partial P_{h_i}}{\partial PS_i} - \frac{\partial h_i}{\partial P_{h_i}}\frac{P_{h_i}}{h_i}\frac{h_i}{P_{h_i}}\times H_i\times\frac{\partial P_{h_i}}{\partial PS_i}\right)$$

$$+ \sum_{j\neq i}\left[\frac{1}{h_j^2}\left(\frac{\partial H_j}{\partial P_{h_j}}\frac{P_{h_j}}{H_j}\frac{H_j}{P_{h_j}}\times h_j\times\frac{\partial P_{h_j}}{\partial PS_i} - \frac{\partial h_j}{\partial P_{h_j}}\frac{P_{h_j}}{h_j}\frac{h_j}{P_{h_j}}\times H_j\times\frac{\partial P_{h_j}}{\partial PS_i}\right)\right] = 0$$

$$\tag{2.24}$$

分别定义 $\eta_i = \dfrac{\partial H_i}{\partial P_{h_i}}\dfrac{P_{h_i}}{H_i}$ 和 $\varepsilon_i = \dfrac{\partial h_i}{\partial P_{h_i}}\dfrac{P_{h_i}}{h_i}$ 为住房的供给弹性和需求弹性并代入上式，根据式（2.16）$\sum\limits_{i}^{I} n_i h_i = \sum\limits_{i}^{I} H_i$，则可得到：

$$\frac{n_i}{P_{h_i}}(\eta_i - \varepsilon_i) \times \frac{\partial P_{h_i}}{\partial PS_i} + \sum_{j \neq i} \frac{n_j}{P_{h_j}}(\eta_j - \varepsilon_j) \times \frac{\partial P_{h_j}}{\partial PS_i} = 0 \qquad (2.25)$$

将式（2.23）代入式（2.25），可得：

$$\frac{n_i}{P_{h_i}}(\eta_i - \varepsilon_i) \times \frac{\partial P_{h_i}}{\partial PS_i} + \sum_{j \neq i} \frac{n_j}{P_{h_j}}(\eta_j - \varepsilon_j) \times \left(\frac{h_i}{h_j}\frac{\partial P_{h_i}}{\partial PS_i} - \frac{MRS_i}{h_j} \right) = 0$$

$$(2.26)$$

根据式（2.26），解出 $\dfrac{\partial P_{h_i}}{\partial PS_i}$，即可得到式（2.27），即：

$$\frac{\partial P_{h_i}}{\partial PS_i} = \frac{MRS_i}{\dfrac{\dfrac{n_i}{P_{h_i}}(\eta_i - \varepsilon_i)h_j}{\sum\limits_{j \neq i} \dfrac{n_j}{P_{h_j}}(\eta_j - \varepsilon_j)h_i + 1}} \qquad (2.27)$$

效用函数可知式（2.27）的分子 $MRS_i > 0$，由住房供给弹性大于需求弹性的假设可知 $\eta_i > \varepsilon_i$，可得式（2.27）的分母亦为正，可知 $\dfrac{\partial P_{h_i}}{\partial PS_i} > 0$，这就表明基本公共服务的增加将导致房价的上涨，借鉴蒂布特的研究，本书将之称为基本公共服务的资本化。

以上仅仅是在一些外部因素不变的假设下，对基本公共服务的价格溢出效应进行了一个简单的理论分析，现实中各种外部变量的变化有可能会影响这一溢出效应，例如住宅的供给弹性 η_i（相当于土地供给弹性）发生变化，或者居民们不是通过购买住房而是通过租赁住房解决居住问题，或者由于税收的存在，居民的收入不再是外生变量。本书第5章到第7章将分别就这些情况进行考察并进行相关的实证分析。

2.4
基本公共服务溢出效应的数学表达

在第2.2节理论分析的基础上，为了检验基本公共服务供给对房地产供给与需求的溢出效应，本节分别构建如下计量模型：

$$\ln S_H = \alpha_0 + \alpha_1 \ln PS + \alpha_2 \ln X_1 + \varepsilon \tag{2.28}$$

$$\ln D_H = \beta_0 + \beta_1 \ln PS + \beta_2 \ln X_2 + \varphi \tag{2.29}$$

其中，S_H 和 D_H 分别表示房地产的供给和需求；α_0 和 β_0 为常数项；PS 表示基本公共服务；X_1 和 X_2 则表示影响房地产供给与需求的其他因素；ε 和 φ 为随机扰动项。

从计量检验可能的结果来看，α_1 的值存在三种情况：①$\alpha_1 > 0$，并且在统计上是显著的，此时说明基本公共服务对房地产供给存在溢出效应[①]；②$\alpha_1 < 0$，并且在统计上是显著的，则说明基本公共服务对房地产供给存在负的溢出效应；③无论 α_1 取值为何，但是统计上不显著，则说明基本公共服务对房地产供给不存在溢出效应。同理，如果 β_1 显著大于零，则说明基本公共服务对房地产需求产生溢出效应；如果 β_1 显著小于零，则说明基本公共服务对房地产需求产生负的溢出效应；如果 β_1 的值在统计上并不显著，则说明基本公共服务对房地产需求不存在溢出效应。

理论分析表明，基本公共服务对房地产需求与供给都会产生溢出效应，也即造成房地产供给曲线与需求曲线向右移动，那么在此状况下，房价的变动则很难确定。因此，为了进一步考察基本公共服务供给对房地产价格是否产生溢出效应，本节还建立如下计量方程：

$$\ln P_h = \gamma_0 + \gamma_1 \ln PS + \gamma_2 \ln X_3 + \omega \tag{2.30}$$

其中，P_h 表示房地产价格；γ_0 为常数项；X_3 表示影响房地产价格的其他因素；ω 为随机扰动项。同上，如果 γ_1 显著大于零，则说明基本公共服务对房地产价格存在溢出效应；如果 γ_1 显著小于零，则说明基本公共服务对房地产价格存在负的溢出效应；如果 γ_1 的值在统计上并不显著，则说明基本公共服务对房地产价格不存在溢出效应。

2.5

本章小结

本章的研究旨在为全书的研究提供了一个理论分析框架。首先，本章在微观经济学理论范式下引出房地产的供给与需求函数，理论分析表明住房的需求

---

① 为简便起见，如非特别说明，本书中所涉及的"溢出效应"均指的是"正的溢出效应"。

曲线是一条向右下方倾斜的曲线，住房的价格越高，消费者对住房的需求越少，住房的价格越低，消费者对住房的需求越多；住房的供给曲线是一条向右上方倾斜的曲线，住房的价格越低，房地产开发企业生产的住房越少，住房的价格越高，房地产开发企业生产的住房越多，但是由于土地资源的限制，住房的供给量不会超过其能达到最大值 $\bar{Q}$。其次，本章在对地方公共产品与辖区竞争的经典模型——蒂布特模型进行借鉴与扩展的基础上，引入全文关注的核心解释变量——基本公共服务，探讨政府基本公共服务供给对房地产需求与供给可能产生的影响。具体而言，基本公共服务既可以通过收入分配效应、引致需求效应促进居民的住房消费需求，还可以通过总需求扩张以及成本削减效应促进房地产开发商的住房供给。再次，本章就基本公共服务供给对房地产价格的影响做进一步的理论分析。在一系列严格的假定之下，第 2.3 节的理论分析表明，"用脚投票"的消费者在选择居住地时将权衡当地的基本公共服务水平，这导致的一个结果即是基本公共服务水平的提高将推高当地的房地产价格。最后，在理论分析的基础上，第 2.4 节重点阐释了基本公共服务对房地产市场"量"和"价"溢出效应的数学含义，从而为全书后续的实证研究建立了基本的计量模型。

第 3 章

基本公共服务对房地产开发投资的溢出效应分析

3.1

引　言

　　本章旨在考察基本公共服务对房地产供给是否存在溢出效应。理论上来讲，房地产市场的供给包括存量房供给和增量房共计两个部分，尤其是近年来，随着中国房地产市场的发展，中国的存量房市场越来越庞大。然而，由于统计制度的不完善，目前，中国还没有对存量房的交易（买卖和租赁）进行全面的统计，所以，现有研究中往往以增量房地产市场的供给作为房地产供给的代理变量。而在衡量房地产增量市场供给的时候，研究一般用房地产开发投资完成额、商品房屋施工面积、商品房屋竣工面积或者竣工价值等变量作为房地产供给的代理变量，本书同样采用房地产开发投资完成额作为房地产供给的代理变量。

　　近年来，中国房地产开发投资高速增长。1986 年我国的房地产开发投资额为 101 亿元，到 2011 年房地产开发投资已达到 61 740 亿元，平均增长速度约为 29.26%（见图 3 - 1）。房地产业的发展日益关乎建筑业等相关产业乃至国民经济的持续稳定和健康发展，2011 年，房地产开发投资占全社会固定资产投资的比重为 19.85%，占国内生产总值的比重为 13.09%。高波等（2009）的研究表明，中国房地产开发投资对经济增长的贡献率已经从 2000 年的 0.47 个百分点上升到 2007 年的 1.8 个百分点；基于 1997 年和 2005 年的投入产出表，研究测算了房地产业和建筑业的带动效应，发现房地产业对国民经济的影响在逐步加深。可见，房地产开发投资的平稳增长直接关系到固定资产投资和总产出的稳定，进而关系到国计民生和社会生活的稳定。因此，研究房地产开发投资的影响因素，无论是对政策制定者，还是对房地产开发企业而言都具有重大的现实意义。

既有研究大多从产出水平、人口规模、居民收入水平、城市化率等因素着手分析房地产开发投资的波动①，这些因素也确实在一定程度上解释了我国房地产开发投资的增长。然而从图 3 - 1 还可以看出，虽然我国房地产开发投资的规模整体上呈现出逐年增长的态势，但是其增长率波动幅度很大，这种情况在 1998 年房改以前尤为明显，1998 年房改以后也有部分年份房地产开发投资增长率大幅下滑。从季度房地产开发投资变动来看，2011 年第一季度房地产开发投资增速为 34.1%，到了第二季度增速略有下降为 32.9%，但是 2012 年第一季度房地产开发投资增速为 23.5%，到了第二季度增速大幅下降为16.6%②。可见房地产开发投资在季度间变动十分剧烈。

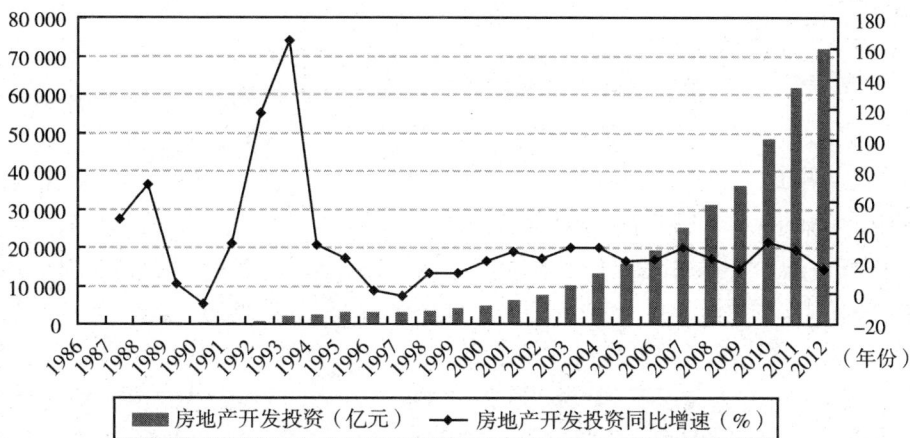

图 3 - 1　1986～2012 年中国房地产开发投资完成额和增长率

资料来源：《中国统计年鉴》、《中华人民共和国 2012 年国民经济和社会发展统计公报》。

对房地产开发投资变动情况而言，如果仅从经济发展水平、人口规模、居民收入水平、城市化率等需求层面的因素进行分析显然是不全面的，一些供给层面的短期冲击更容易造成房地产开发投资的波动。因此，本章除了对基本公共服务对房地产开发投资的溢出效应进行一般性检验之外，还试图从供给层面入手，探寻房地产开发投资波动的影响因素，并构建 SVAR 模型进行实证检

①　相关研究详见伯恩斯和格雷贝勒（Burns and Grebller，1976）、史密斯（Smith，1997）、沈悦和刘洪玉（2004）以及王松涛和刘洪玉（2006）。

②　资料来源：中华人民共和国国家统计局网站（http：//www.stats.gov.cn/）。

验，以考察基本公共服务这种溢出效应在短期是否同样存在。本章余下部分的安排为：第二节是文献综述部分，对相关研究进行总结并归纳出可能影响房地产开发投资的供给层面的因素；第三节是则对房地产开发企业的投资决策进行理论分析并提出本章需要检验的命题；第四节采用了 30 个大中城市的动态面板数据，对基本公共服务对房地产开发投资的溢出效应进行初步检验；第五节采用中国 2007 年第一季度至 2012 年第二季度 22 个季度的时序数据构建 SVAR 模型进行实证分析，考察公共服务的溢出效应在短期是否存在；第六节是对全文研究的总结并指出研究的政策含义。

3.2
相关文献回顾：房地产开发投资影响因素

　　房地产开发投资水平的影响因素受到了很多的关注，研究也取得了一定的进展，但是这些研究大多集中在分析房地产市场需求层面因素的变动对房地产开发投资的影响，这些需求层面的因素主要包括产出水平、人口规模、居民收入水平、城市化率等。伯恩斯和格雷贝勒（Burns and Grebller, 1976）提出了 SHTO（the share of hosing investment as a percentage of total output）理论，认为住宅投资占总产出的比重与经济发展水平呈现出倒 U 型曲线的规律，即当经济发展处于初始阶段时，SHTO 值通常比较低；随着经济的不断发展，SHTO 值也不断提高；而当经济发展水平达到一定程度以后，SHTO 值又会随着经济的增长而下降；研究还表明人口增长率、城市化率和人均 GDP 等因素能够有效地解释住宅投资水平的变动。史密斯（Smith, 1997）建立表征人口特征的"需求模型"以及表征人口和经济特征的"需求和经济"联合模型分析了影响欧盟国家住宅投资水平的主要因素，认为国家间在住房政策上的不同导致了其住房投资水平的差异。沈悦和刘洪玉（2004）探讨了中国房地产开发投资与 GDP 的互动关系，发现 GDP 对房地产开发投资存在单向的显著可信的 Granger 因果关系，广义脉冲响应与方差分解的结果表明 GDP 对房地产开发投资的影响远大于后者对 GDP 的影响。王松涛和刘洪玉（2006）则从人口发展、产业发展和经济发展状况三个层面着手，分析各个层面因素的变动对房地产开发投资产生的影响，实证结果表明人均 GDP、房地产价格、房地产市场存量水平和城市化率有效地解释了北京市房地产开发投资水平的不断攀升，研究还认为"较高的房地产开发投资水平得到了市场需求的支撑"。况伟大（2011）则认为房地产投资与经济增长存在非对称的关系：经济增长对房地产投资的影响大于房地产投资对经济增长的影响，因此，经济增长的波动将导致房地产投资剧烈波动。

此外，诸如房价水平、利率水平等因素同样可以影响房地产市场的需求进而影响房地产市场的供给，因此这些因素也可以算作是影响房地产开发投资的需求层面的因素。王胜和卢盛荣（2008）认为，财富效应、预期效应和储蓄效应等传导渠道均可能导致公众对房地产需求的变动，从而导致房地产投资变动，因此房地产需求主要受消费者的收入或财富水平、信贷条件、对未来房价和人民币币值升值预期等因素的影响。实证研究表明上一期房价的变动对本期房地产投资变动影响较大，上期房价每增长 1 个百分点，本期房地产投资的增长率将上升约 0.011 个百分点；住房抵押贷款同比增长率每增长 1 个百分点，房地产投资将增加约 0.547 个百分点。

需求层面的因素是通过影响房地产市场的需求从而间接影响房地产开发投资，且这些因素对于解释房地产开发投资的长期变动趋势有着比较好的说服力。供给层面的因素则会影响房地产开发投资的各类成本因素以及预期利润从而对房地产开发商的开发投资决策产生影响，这些因素的变动往往对房地产开发投资的变动造成短期的冲击。本书主要考虑政府的公共服务支出行为、房地产开发商对市场的预期和判断以及市场的利率水平等因素。

从公共服务供给对房地产供给变动的影响来看，国内外的研究并不多，学者们关注的主要是公共服务投资对私人投资的挤入与挤出效应以及保障性住房建设对房地产开发投资的影响。城市住房的供给受到土地要素的制约和政府的管制，切舍尔和谢泼德（Cheshire and Sheppard，1995）指出，土地的市场价格不仅包含了土地距离 CBD 方便程度的价格，也包含了土地周边环境特征和公共物品等诸多特征的价格。因此，政府公共服务供给将导致当地地价的上升，这并不利于开发商的供给行为。然而政府前期在土地开发上的投入某种程度上来讲降低了房地产开发商的开发成本，并且较好的公共服务配套设施由于预计可以有很好的溢价，会有很多的开发商挤入该地区，因而有利于住房的供给。林恩（Lynn，2007）发现城市通信与交通基础设施的改善有助于新的房地产项目的开发。郑思齐和卡恩（Zheng Siqi and Kahn，2011）的实证研究发现北京奥运村的建设以及两条地铁线路的建设使这些地区的新房供给量明显提高，这表明政府对公共基础设施的投资引致了房地产开发商的开发投资。

预期对房地产市场的影响则受到了较多的关注，但是学者们往往更多地分析需求层面消费者的市场预期对房地产市场的影响，而对供给层面开发商的市场预期对房地产市场的影响着墨不多。理论上来讲，作为理性人，房地产开发商投资房地产必然要受到其对投资回报率预期的影响，在做出正式的投资决策前，开发商会对投资的风险进行预期并对可选的投资机会进行优化选择。在其他因素确定的情况下，投资房地产的预期收益越高，预期风险越小，房地产开发商的信心也就越高，其投资需求也就越强烈。克莱顿（Clayton，1997）就认为房地产投资人的市场预期与风险偏好程度对其投资决策会产生很大的影响。米尔鲍尔和墨菲（Muellbauer and Murphy，1997）、奎格利（Quigley，1999）则构建了包含房地产企业预期作为因变量的房地产供给函数。李飞（2008）从供给的角度分析了房地产开发商关于房价的预期对房地产市场的影响，认为如果房地产开发商对房价继续上涨有较强烈的预期，一方面将为逐利竞相通过土地拍卖市场高价拿地，另一方面因为预期房价看涨，开发商可以在拿到地后囤地、捂盘惜售以获取更高的利润。

利率的变动对房地产供求均会有显著的影响。王金明和高铁梅（2004）对我国房地产市场需求和供给函数进行动态分析，发现房地产供给函数中利率弹性较大，在 −0.76 ~ −1.15 之间；需求函数中利率弹性则在 −0.265 ~ −0.436 之间，与需求的利率弹性相比较，供给的利率弹性要大得多，这表明房地产开发商的投资决策对利率的变化非常敏感。况伟大（2011）实证研究表明房地产开发贷款对房地产开发投资的影响大于购房贷款对房地产购买的影响，从而认为信贷对开发商比对购房者更加重要。王先柱等（2011）构建包括利率在内的房地产供给函数，并实证检验了实际利率变动对房地产开发投资的影响，发现利率的上升能够在一定程度上抑制房地产开发投资，但是这种影响的累积性效应并不明显。本书中，同样将利率水平更多地看作是在供给层面对房地产开发投资产生影响的因素。

3.3
房地产开发投资决策理论分析

房地产企业的开发投资决策主要取决于其对未来可以获得的开发利润的预期 $\prod^e$，在市场价格外生给定的情况下，预期开发利润则主要受两个因素的影响：一是房地产的开发量，二是房地产的开发成本。因此，预期开发利润可以表示为：

$$\prod{}^e = P_h^e Q^s - C$$

其中，P_h^e 表示开发商对房价的预期，取决于开发商对房地产市场的判断；Q^s 表示房地产的开发量；C 则为房地产的开发成本。预期开发利润越高，房地产企业越倾向于做出开发投资决策。

假设房地产开发商投入土地（L）、资金（K）和劳动力（N）三种要素进行房地产开发，即 $Q^s = f(L, K, N)$。相应地，开发成本则可分为两类：第一类是固定成本 C^f，不随开发量变化而变化；第二类成本是可变成本，具体包括资金成本 C^k、其他投入要素成本 C^o 以及交易成本 C^t。考虑到目前我国的房地产市场是增量主导的市场，在增量市场中，房地产开发商的土地购置、住宅建设等经营活动均离不开资金的支持。根据况伟大（2010）的研究，房地产开发企业的资金主要包括自有资金和银行贷款，无论是银行贷款还是自有资金均对利率 r 的变化极为敏感。因此，资金成本是房地产开发企业面临的主要成本之一，且利率 r 越高，资金成本 C^k 越高，即 $\frac{\partial C^k}{\partial r} > 0$。包括土地 E 和劳动力 L 等在内的其他投入要素的成本 C^o，则受对应投入要素的市场价格的影响。开发环节的各种交易成本 C^t 同样是企业开发成本的重要组成部分，陈德球等（2012）就认为基础设施的有效提供、法律的供给和秩序的维持等是政府质量的主要体现，而政府质量在节约企业交易成本、增强企业竞争力和资源配置效率等方面则发挥着至关重要的作用。因此，政府公共服务支出（PS）所形成的安全的公共秩序、完善的交通基础设施与优良的通讯和信息条件等毫无疑问有助于降低房地产企业的交易成本，即 $\frac{\partial C^t}{\partial PS} < 0$。

因此，房地产开发商的预期利润最终可以表示为：

$$\prod^e = P_h^e[f(L, K, N)] - \sum C^i \qquad (3.1)$$

基于上述分析，为了考察基本公共服务对房地产开发投资的影响，将（3.1）式对 PS 求导，可以得到：

$$\frac{\partial \prod^e}{\partial PS} = -\frac{\partial C^t}{\partial PS} > 0 \qquad (3.2)$$

由此得到如下命题：

命题 3 - 1：政府基本公共服务支出的增加将导致房地产开发投资的增加，即基本公共服务对房地产开发投资存在溢出效应。

由式（3.2）可知，政府公共服务支出增加对房地产开发预期利润有正向影响，预期开发利润越高，开发商越倾向于增加开发投资，因此政府公共服务支出对房地产开发投资有正向影响。

除了基本公共服务，房地产开发投资还会受到开发商预期与利率的影响，基于上述分析，将式（3.1）分别对 P_h^e 以及 r 求导，可以得到：

$$\frac{\partial \prod^e}{\partial P_h^e} = Q^s > 0 \qquad (3.3)$$

由式（3.3）可知，房地产开发商预期对房地产开发的预期利润有正向影响，因此房地产开发商预期对房地产开发投资有正向影响。

$$\frac{\partial \prod^e}{\partial r} = -\frac{\partial C^k}{\partial r} < 0 \qquad (3.4)$$

由式（3.4）可知，利率水平对房地产开发的预期利润有负向影响，因此利率水平对房地产开发投资有负向影响。

3.4
基本公共服务对房地产开发投资
溢出效应初步检验

3.4.1 计量模型设定

结合第三部分理论模型得出的命题以及上述分析，本模型以房地产开发投资为被解释变量，以政府公共服务支出作为解释变量，同时考虑房价水平、人均可支配收入水平等因素对房地产开发投资的影响。基于此，本模型拟构建如下动态面板模型并采用混合估计与广义矩估计（GMM）等估计方法进行计量检验：

$$\ln REI_{it} = C + \alpha_1 \ln REI_{it-1} + \alpha_2 \ln PS_{it} + \alpha_3 \ln X_{it} + \varepsilon_{it} \qquad (3.5)$$

其中，i，t 分别表示地区与时间；REI_{it} 表示 i 地区 t 时期的房地产开发投资；C 为常数项；REI_{it-1} 表示 i 地区 $t-1$ 时期的房地产开发投资；PS_{it} 表示 i 地区 t 时期的公共服务支出。X_{it} 为控制变量，主要包括：P_{hit}，i 地区 t 时期的房价水平；PI_{it}，i 地区 t 时期的人均收入水平；LP_{it}，i 地区 t 时期的地价水平；r_{it}，i 地区 t 时期的实际利率水平。$\alpha_1 \sim \alpha_3$ 为各变量的回归系数；ε_{it} 为随机扰动项。如果 α_2 显著大于零，则说明公共服务支出对房地产开发投资存在溢出效应。

3.4.2　数 据 来 源 与 描 述 统 计

本模型中的被解释变量为房地产开发投资，核心解释变量为政府公共服务支出，其他变量还包括房价水平、人均收入水平以及城市人口规模等，各变量的定义如下：

（1）住房供给（REI）：本书中的房地产供给以各地区当年房地产开发投资额来表示。

（2）公共服务支出（PS）：以各地区财政预算内教育事业费支出与科学事业费支出之和来表示。

（3）住房价格（P_h）：各地区房价以销售均价来表示，根据各地区 1999 ~ 2010 年住房销售额、住房销售面积计算而得。

（4）地价水平（LP）：以各地区土地交易价格指数表示。

（5）实际利率水平（r）：利率水平 r 以各城市一年期商业银行贷款名义利率按实行的时间加权平均后扣除各城市的物价影响得到实际利率水平。

（6）人均收入水平（PI）：由于我国的房地产市场多集中于城市，本书中的人均收入水平以各地区城镇居民人均可支配收入表示。

本模型选取北京、天津、石家庄、太原、呼和浩特、沈阳、长春、哈尔滨、上海、南京、杭州、合肥、福州、南昌、济南、郑州、武汉、长沙、广州、深圳、南宁、海口、重庆、成都、贵阳、昆明、西安、兰州、西宁以及银川在内的全国 30 个大中城市的面板数据。涉及的被解释变量、解释变量数据来源于中经网 – 中国统计数据库/产业数据库、历年《中国统计年鉴》、《中国城市统计年鉴》以及部分城市的统计年鉴。名义利率数据来自中国人民银行网站。此外，为了消除房地产开发投资、公共服务支出、房价水平等数据中存在的异方差以及量纲的问题，在实证分析时，本书对除了利率水平之外的所有变量进行了对数处理，各变量的描述性统计见表 3 – 1。

表 3 – 1　　　　　　　　　　各变量的描述性统计

	平均值	最大值	最小值	标准差	观测值
lnREI	4.717358	7.319169	1.494566	1.243322	360
lnPS	2.626007	6.416599	– 0.535802	1.370457	360
lnP_h	8.025025	9.849770	7.143073	0.537869	360
lnPI	9.357088	10.42207	8.469021	0.460749	360
lnLP	4.648729	5.044715	4.200205	0.071271	360
r	4.52037	8.64	– 0.8025	1.881695	360

3.4.3 单位根与协整检验

本模型所用数据为 1999～2010 年全国 30 个大中城市的面板数据，为了避免伪回归，需要对各变量进行平稳性检验。根据是否为相同根，面板数据进行单位根检验的方法一般分为两类。一类是相同根情形下的单位根检验，此类单位根检验方法主要有 LLC、Hadri 检验；另一类是不同根情形下的单位根检验，此类单位根检验方法主要有 IPS、Fisher-ADF 和 Fisher-PP 检验。本文分别采取 LLC 方法（Levin，Lin and Chu，2002）与 IPS 方法（Im，Pesaran and Shin，2003）对各变量进行单位根检验。各变量 LLC 与 IPS 单位根检验的结果见表 3－2。由表 3－2 可知，$\ln REI$、$\ln PS$、$\ln P_h$ 与 $\ln PI$ 序列均为非稳定序列，但是一阶差分以后都是稳定的；$\ln LP$ 与 γ 则为稳定序列。

表 3－2 LLC 与 IPS 单位根检验结果

变量	原序列		一阶差分序列		结论
	LLC 检验	IPS 检验	LLC 检验	IPS 检验	
$\ln REI$	0.245 (0.60)	5.450 (1.00)	−19.691 *** (0.00)	−12.346 *** (0.00)	$I(1)$
$\ln PS$	2.760 (1.00)	8.273 (1.00)	−14.479 *** (0.00)	−10.323 *** (0.00)	$I(1)$
$\ln P_h$	19.206 (1.00)	19.755 (1.00)	−4.318 *** (0.00)	−0.4213 (0.34)	$I(1)$
$\ln PI$	−4.808 (1.00)	12.260 (1.00)	−10.378 *** (0.00)	−6.615 *** (0.00)	$I(1)$
$\ln LP$	−13.945 *** (0.00)	−5.536 *** (0.00)	−22.481 *** (0.00)	−8.424 *** (0.00)	$I(0)$
r	−14.557 *** (0.00)	−6.290 *** (0.00)	−15.875 *** (0.00)	−6.261 *** (0.00)	$I(0)$

注：（1）括号内为 p 值；（2）***、** 和 * 分别表示在 1%、5% 和 10% 水平上拒绝"有单位根"的原假设。

在进行正式的回归分析之前还需要对面板序列进行协整检验，本书采用基于 Engle and Granger 二步法检验基础上的 Kao 检验与 Pedroni 检验，两种检验方法的原假设皆为原序列不存在协整关系。房地产开发投资与政府公共服务财政支出的协整检验结果见表 3－3。

表 3 - 3　　　　　　　　　　　面板协整检验结果

检验方程	检验方法	检验假设	统计量名	统计量值（P 值）
房地产开发投资与公共服务支出	Kao 检验	H_0：不存在协整关系$(\rho = 1)$	ADF	- 3. 858991（0. 0001）*
	Pedroni 检验	H_0：$\rho_i = 1$ H_1：$(\rho_i = \rho) < 1$	Panel v-Statistic	2. 946232（0. 0016）*
			Panel rho-Statistic	- 3. 725787（0. 0001）*
			Panel PP-Statistic	- 7. 269350（0. 0000）*
			Panel ADF-Statistic	- 5. 568395（0. 0000）*
		H_0：$\rho_i = 1$ H_1：$\rho_i < 1$	Group rho-Statistic	0. 082135（0. 5327）
			Group PP-Statistic	- 7. 402277（0. 0000）*
			Group ADF-Statistic	- 5. 895288（0. 0000）*

注：* 表示在 5% 显著性水平下拒绝原假设而选择被择假设。

佩德罗尼（Pedroni，1999）面板协整以协整方程的回归残差为基础，构建了面板协整检验的 7 个统计量，其中 4 个是组内尺度描述统计量，包括 Panel Variance-stat、Panel Rho-stat、Panel PP-stat 和 Panel ADF-stat；另外 3 个是组间尺度描述统计量，包括 Group Rho-stat、Group PP-stat 和 Group ADF-stat。由表 3 - 3 可知，Pedroni 检验的 7 个统计量中，有 6 个统计量在 5% 显著性水平下拒绝原假设而选择被择假设；Kao 检验第一阶段设定各截面个体具有不同截距项和相同系数的回归方程，第二阶段对残差序列进行平稳性检验（Kao，1999），表 3 - 3 中 Kao 检验结果表明房地产开发投资与政府公共服务财政支出之间存在协整关系。因此，Kao 检验与 Pedroni 检验均表明考察期内房地产开发投资与政府公共服务财政支出之间存在协整关系，从而可以对各变量进行回归分析以考察其长期的均衡关系。

3.4.4　计量结果分析

本章利用 Stata11 统计软件对房地产开发投资与政府公共服务支出之间的关系进行计量分析，为了验证回归结果的稳健性，同时采用混合估计、差分 GMM 与系统 GMM[①] 三种估计方法进行实证检验，回归结果见表 3 - 4。

---

① 关于系统 GMM 估计方法可参见：Arellano and Bover，"Another Look at the Instrumental-Variable Estimation of Error-Components Models"，*Journal of Econometrics*，68（1），pp. 29 - 51. 以及 Blundell and Bond，"Initial Conditions and Moment Restrictions in Dynamic Panel Data Models"，*Journal of Econometrics*，87（1），pp. 115 - 143.

表 3 - 4　　　　　政府公共服务支出与房地产开发投资计量分析结果

	被解释变量：房地产开发投资					
	估计方法：混合估计					
	Coef.	Std. Err.	t	P > | t |	［95% Conf. Interval］	
$\ln PS$	**0.7625864**	0.0470308	16.21	0.000	0.6699832	0.8551895
$\ln P_h$	**− 0.5410581**	0.1671359	− 3.24	0.001	− 0.8701471	− 0.211969
$\ln PI$	**0.8025176**	0.1970816	4.07	0.000	0.4144659	1.190569
$\ln LP$	0.6119874	0.5042574	1.21	0.226	− 0.3808907	1.604865
r	− 0.0097176	0.0185516	− 0.52	0.601	− 0.0462457	0.0268104
_cons	− 3.288339	2.500778	− 1.31	0.190	− 8.212347	1.63567
Number of obs	270					
F (5, 264)	183.50（0.0000）					
R-squared	0.7766					
Adj R-squared	0.7723					
	估计方法：差分 GMM					
	Coef.	Std. Err.	z	P > | z |	［95% Conf. Interval］	
L1. $\ln REI$	0.0437189	0.0303036	1.44	0.149	− 0.015675	0.1031127
$\ln PS$	**0.0886787**	0.0463406	1.91	0.056	− 0.0021472	0.1795046
$\ln P_h$	**− 0.163221**	0.0938137	− 1.74	0.082	− 0.3470925	0.0206506
$\ln PI$	**1.737706**	0.1606766	10.81	0.000	1.422785	2.052626
$\ln LP$	0.1812645	0.3810136	0.48	0.634	− 0.5655085	0.9280375
r	− 0.0075768	0.0048141	− 1.57	0.116	− 0.0170122	0.0018586
_cons	**− 11.47117**	2.340595	− 4.90	0.000	− 16.05865	− 6.883686
Number of obs	240					
Wald chi2 (6)	4332.14					
AR (1)	− 1.868（0.0618）					
AR (2)	− 0.02942（0.9765）					
Sargan 值	24.24（0.9906）					
	估计方法：系统 GMM					
	Coef.	Std. Err.	z	P > | z |	［95% Conf. Interval］	
L1. $\ln REI$	**0.0885652**	0.0307046	2.88	0.004	0.0283853	0.1487452
$\ln PS$	**0.1248621**	0.0634944	1.97	0.049	0.0004153	0.249309
$\ln P_h$	**− 0.5641825**	0.1174179	− 4.80	0.000	− .7943174	− .3340476
$\ln PI$	**2.06203**	0.1471927	14.01	0.000	1.773537	2.350522

续表

	被解释变量：房地产开发投资					
	估计方法：系统 GMM					
	Coef.	Std. Err.	z	P > │z│	［95% Conf. Interval］	
ln*LP*	**0.7499763**	0.4290231	1.75	0.080	−0.0908935	1.590846
r	−0.0040501	0.0046283	−0.88	0.382	−0.0131215	0.0050213
_cons	**−14.24503**	2.911514	−4.89	0.000	−19.95149	−8.538567
Number of obs	270					
Wald chi 2（6）	15158.72					
AR（1）	−2.7217（0.0065）					
AR（2）	−0.26685（0.7896）					
Sargan 值	27.85052（0.9976）					

注：括号中为 *P* 值。

由表 3 – 4 混合估计的结果可知，政府公共服务支出与房地产开发投资计量方程的拟合优度为 0.78，调整后的拟合优度为 0.77，联合分布检验的 F 值概率接近 0，本书所关注的核心解释变量——政府公共服务支出与房地产开发投资正相关，弹性系数为 0.76，并且通过 1% 的显著性水平检验。

考虑到解释变量中包含被解释变量的滞后项，因此 OLS 估计结果可能是有偏的，因而增加了差分 GMM 与系统 GMM 估计。差分 GMM 与系统 GMM 估计结果的 Sargan 统计量表明，回归结果不存在工具变量的过度识别问题，工具变量是有效的；AR（1）和 AR（2）统计量的结果表明，模型不存在二阶序列相关问题。因此，各方程的回归结果呈现出良好的稳健性。两种估计方法的回归结果均表明政府公共服务支出与房地产开发投资正相关，具体而言，系统 GMM 估计结果表明，政府公共服务支出与房地产开发投资显著正相关，且通过 5% 显著性水平检验，政府公共服务支出每增加 1%，房地产开发投资将增加 0.12%；差分 GMM 估计结果表明，政府公共服务支出与房地产开发投资显著正相关，且通过 10% 显著性水平检验，政府公共服务支出每增加 1%，房地产开发投资将增加 0.09%。因此，可以认为，长期来看，政府公共服务支出对房地产开发投资存在挤入效应，也即存在溢出效应。政府公共服务支出的对数每增加 1%，房地产开发投资的对数将增加 0.1% 左右。

在其他控制变量中，代表经济基本面的居民人均可支配收入同样与房地产开发投资显著正相关，并且均通过 1% 显著性水平检验，高房价倾向于抑制房地产开发投资，而地价对房地产开发投资的影响则很不稳定。实际利率水平与房地产开发投资负相关，但是统计上并不显著。

3.5

基本公共服务供给与房地产开发投资

——基于 SVAR 模型的实证分析

3.5.1 SVAR 模型的建立与识别

在考察经济变量之间短期冲击响应关系方面,向量自回归(VAR)模型与结构向量自回归(SVAR)模型有着很好的应用。VAR 模型是一种用非结构性的方法来建立各个变量之间关系的建模方法(Sims,1980),这种建模方法不以经济理论为基础,而是把每一个内生变量作为系统中所有内生变量滞后项的函数来构造模型。布兰查德和柯(Blanchard and Quah,1989)通过对 VAR 模型施加基于经济理论的长期限制性条件以建立结构向量自回归(SVAR)模型来识别经济冲击。SVAR 模型被大量地运用于分析货币政策的冲击效应并取得了很好的效果。此外,用 SVAR 模型分析财政政策的冲击效应在国外的研究中也已较为常见。近年来,国内学者也开始逐渐通过构建 SVAR 模型分析财政政策的冲击效应(李晓芳,2005;金成晓和马丽娟,2008;郭杰,2010;王斌和高戈,2011)。

本章将同样通过建立 SVAR 模型考察房地产开发投资对政府公共服务支出、房地产开发商预期以及实际利率水平冲击的反应。根据本书的研究目的与以往的研究经验,本章构建包括房地产开发投资(REI)、政府公共服务支出(PS)、房地产开发商预期(EC)与利率水平(r)在内的四元 SVAR(P)模型:

$$PS_t = c_{10} + \sum_{i=1}^{P} \alpha_{11}^i PS_{t-i} + \sum_{i=0}^{P} \alpha_{12}^i r_{t-i} + \sum_{i=0}^{P} \alpha_{13}^i EC_{t-i} + \sum_{i=0}^{P} \alpha_{14}^i REI_{t-i} + \varepsilon_t^{PS}$$

$$r_t = c_{20} + \sum_{i=0}^{P} \alpha_{21}^i PS_{t-i} + \sum_{i=1}^{P} \alpha_{22}^i r_{t-i} + \sum_{i=0}^{P} \alpha_{23}^i EC_{t-i} + \sum_{i=0}^{P} \alpha_{24}^i REI_{t-i} + \varepsilon_t^{r}$$

$$EC_t = c_{30} + \sum_{i=0}^{P} \alpha_{31}^i PS_{t-i} + \sum_{i=0}^{P} \alpha_{32}^i r_{t-i} + \sum_{i=1}^{P} \alpha_{33}^i EC_{t-i} + \sum_{i=0}^{P} \alpha_{34}^i REI_{t-i} + \varepsilon_t^{EC}$$

$$REI_t = c_{40} + \sum_{i=0}^{P} \alpha_{41}^i PS_{t-i} + \sum_{i=0}^{P} \alpha_{42}^i r_{t-i} + \sum_{i=0}^{P} \alpha_{43}^i EC_{t-i} + \sum_{i=1}^{P} \alpha_{44}^i REI_{t-i} + \varepsilon_t^{REI}$$

$$(3.6)$$

其中,PS_t 与 REI_t 分别为政府公共服务支出与房地产开发投资等变量的对数序列，EC_t 与 r_t 分别为房地产开发商预期与利率水平的原序列；ε_t^{PS}、ε_t^r、ε_t^{EC} 与 ε_t^{REI} 分别是作用在政府公共服务支出、利率水平、房地产开发商预期与房地产开发投资上的结构式冲击，也即结构式残差，残差向量为单位矩阵的白噪声向量。

上述模型可用矩阵的形式表示为：

$$BY_t = \Gamma_0 + \Gamma_1 Y_{t-1} + \Gamma_2 Y_{t-2} + \cdots + \Gamma_P Y_{t-P} + u_t \tag{3.7}$$

其中各变量和参数矩阵为：

$$Y_t = \begin{pmatrix} PS_t \\ r_t \\ EC_t \\ REI_t \end{pmatrix}, B = \begin{bmatrix} 1 & b_{12} & b_{13} & b_{14} \\ b_{21} & 1 & b_{23} & b_{24} \\ b_{31} & b_{32} & 1 & b_{34} \\ b_{41} & b_{42} & b_{43} & 1 \end{bmatrix}, \Gamma_0 = \begin{pmatrix} c_{10} \\ c_{20} \\ c_{30} \\ c_{40} \end{pmatrix},$$

$$\Gamma_i = \begin{bmatrix} \alpha_{11}^i & \alpha_{12}^i & \alpha_{13}^i & \alpha_{14}^i \\ \alpha_{21}^i & \alpha_{22}^i & \alpha_{23}^i & \alpha_{24}^i \\ \alpha_{31}^i & \alpha_{32}^i & \alpha_{33}^i & \alpha_{34}^i \\ \alpha_{41}^i & \alpha_{42}^i & \alpha_{43}^i & \alpha_{44}^i \end{bmatrix}, i = 1, 2, \cdots, P, u_t = \begin{pmatrix} \varepsilon_t^{PS} \\ \varepsilon_t^r \\ \varepsilon_t^{EC} \\ \varepsilon_t^{REI} \end{pmatrix}$$

对于 n 元 p 阶 SVAR 模型，需要对结构式施加 $n(n-1)/2$ 个约束条件才能识别出结构冲击。对于本章的模型来说，由于模型中包含 4 个内生变量，若 $n = 4$，则 $n(n-1)/2 = 6$，需要对模型施加 6 个约束条件，才能识别出结构冲击。常用的施加约束条件的方法是零约束法——假定各内生变量同期之间是否存在累计的冲击效应，如果不存在累计的冲击效应，就设其参数为零。根据我国现阶段经济运行的实际状况及已有研究，本书作如出如下 6 个假设：（1）当期房地产开发投资可能影响当期房地产开发商的预期，但不会影响当期政府公共服务支出与利率水平，即 B 矩阵中 $b_{14} = b_{24} = 0$；（2）政府公共服务支出冲击可能对房地产开发投资与开发商预期有影响，但不会影响同期的利率水平，即 B 矩阵中 $b_{21} = 0$；（3）房地产开发商的预期可能会影响同期的房地产开发投资，但不会影响同期的政府公共服务支出与利率水平，即 B 矩阵中 $b_{13} = b_{23} = 0$；（4）利率冲击不会影响同期的政府公共服务支出，即 B 矩阵中 $b_{12} = 0$。

3.5.2　数据来源与平稳性检验

本章的被解释变量为房地产开发投资，数据来源于国家统计局《中国统计月报》，核心解释变量包括政府公共服务支出、房地产开发商预期与利率水平。其中，政府公共服务支出包括国家财政中用于教育、文化与传媒、医疗卫生以及环境保护等项目的支出，数据来源于国家统计局《中国统计月报》、各年的《中国统计年鉴》。房地产开发商预期采用的是中国经济景气监测中心编制的房地产企业家信心指数，数据来源于《中国经济景气月报》，选择其中的房地产业企业家信心指数作为变量。从中国国内的情况来看，房地产上市公司年报中披露的管理层对未来市场的判断可以看作是对房地产开发商市场预期的更为精确的衡量，但是本章主要使用全国的数据进行实证研究，因而房地产上市公司管理层的判断虽具有代表性，但不够全面，故而本章选取《中国经济景气月报》中的房地产企业家信心指数作为房地产开发商市场预期的代理变量。企业家信心指数的编制方法是根据房地产行业的企业家关于对企业外部市场经济环境与宏观政策的认识、看法、判断与预期的问题（通常为对"乐观"、"一般"与"不乐观"的选择）进行问题调查而得，衡量的是房地产企业家对宏观经济环境的感受与信心①。利率水平选取的是 5 年期人民币贷款利率，并根据利率水平的实行天数进行加权平均而得，数据来源于中国人民银行网站。

由于 2007 年以后统计年鉴中对财政支出的统计口径做出了调整并且企业家信心指数每季度公布一次，我们的实证分析选取的样本期间是 2007～2012年上半年，所有数据均采用季度数据。另外，在正式的计量分析之前我们对房地产开发投资与政府公共服务支出进行了季节调整，并且除了房地产企业家信心指数以外，所有变量均调整为实际值②。

在使用时间序列作回归分析时，一般要求序列是平稳的或者存在同阶协整关系，否则将导致伪回归。本书使用 ADF-fisher 法对房地产开发投资（REI）、政府公共服务支出（PS）、房地产企业家信心（EC）以及利率水平（r）等序列进行单位根检验，检验结果见表 3 – 5。由表 3 – 5 可知，各序列经过一阶差分之后变为平稳序列，因此各序列均为一阶差分平稳序列。

表 3 – 5   各序列及其一阶差分序列单位根检验结果

变量	ADF 统计量	变量	ADF 统计量	结论
REI	– 0.13	D_REI	– 5.81 ***	一阶平稳序列
PS	0.64	D_PS	– 2.91 *	一阶平稳序列

① 国家统计局中国经济景气监测中心每季度编制企业家信心指数，该指数的取值范围均在 0～200 之间，并以 100 作为景气指数的临界值，当指数大于 100 时，表明房地产企业家对市场有信心，当指数小于 100 时，表明房地产企业家对市场缺乏信心。

② 处理方法是：利率水平与政府公共服务支出分别用季度的居民消费价格指数进行平减以得到实际值；房地产开发投资则用季度的固定资产投资价格指数进行平减以得到实际值。

续表

变量	ADF 统计量	变量	ADF 统计量	结论
EC	−0.88	D_EC	−2.92 ***	一阶平稳序列
r	−0.10	D_r	−3.96 ***	一阶平稳序列

注：（1）*、**与***分别表示在10%、5%与1%的显著性水平下拒绝原假设；（2）D_REI、D_PS、D_EC与D_r分别为原序列的一阶差分序列。

因为各序列均为一阶单整序列，所以还需要对模型包含的变量进行协整检验。本模型采用 Johansen 协整检验来检验模型是否存在协整关系。Johansen 协整检验结果见表 3 - 6。由表 3 - 6 可知，在 5% 的显著性水平下各变量间存在一个协整方程，模型中各内生变量之间具有协整关系，因而可认为模型存在稳定的均衡关系。

表 3 - 6　　　　　　　　　　　**Johansen 协整检验结果**

原假设	特征值	迹统计量	5%临界值	P 值
0 个协整向量	0.8408	67.47	47.85	0.0003
至多 1 个协整向量	0.6002	30.71	29.79	0.0391
至多 2 个协整向量	0.4547	12.37	15.49	0.1398
至多 3 个协整向量	0.0122	0.2459	3.84	0.6200

3.5.3　待估参数估计

在上述分析的基础上，本模型使用完全信息极大似然方法（FLML）对 B 矩阵的各个待估参数进行估计，结果如表 3 - 7 所示。由表 3 - 7 可知，待估参数均通过了显著性检验，且较符合经济意义。其中，b_{41} 等于 4.30，表明政府公共服务支出增加对房地产开发投资有正向影响，b_{43} 等于 12.22，表明开发商预期对房地产开发投资有正向影响，即开发商对市场越有信心越倾向于增加开发投资，b_{42} 等于 −3.31，表明实际利率增加对房地产开发投资有负向影响。此外，模型的极大似然估计值为 15.60，卡方检验值为 316.85，表明模型整体估计良好。

表 3 - 7　　　　　　　　　　　**SVAR 模型估计结果**

矩阵参数	估计值	标准差	Z 统计量	P 值
b_{31}	2.80	0.5453	5.13	0.0000
b_{32}	−11.40	1.8564	−6.14	0.0000

矩阵参数	估计值	标准差	Z 统计量	P 值
b_{34}	18.47	2.9032	6.36	0.0000
b_{41}	4.30	0.7374	5.83	0.0000
b_{42}	-3.31	0.6600	-5.02	0.0000
b_{43}	12.22	1.9220	6.36	0.0000

根据上述待估参数的估计结果，可以得到 u_t 与 ε_t 之间的线性组合估计结果：

$$
\begin{pmatrix} u_t^{PS} \\ u_t^{r} \\ u_t^{EC} \\ u_t^{REI} \end{pmatrix} = \begin{pmatrix} 1 & 0 & 0 & 0 \\ 0 & 1 & 0 & 0 \\ 2.80 & -11.40 & 1 & 18.47 \\ 4.30 & -3.31 & 12.22 & 1 \end{pmatrix} \begin{pmatrix} \varepsilon_t^{PS} \\ \varepsilon_t^{r} \\ \varepsilon_t^{EC} \\ \varepsilon_t^{REI} \end{pmatrix} \tag{3.8}
$$

3.5.4 脉冲响应分析

根据上述估计结果，本书对模型进行了脉冲响应分析，结果如图 3 - 2 所示。图 3 - 2 从左向右依次表示房地产开发投资对政府公共服务支出、房地产开发商预期与实际利率的累积冲击响应过程。从图 3 - 2 中可以清晰地发现，政府公共服务支出对房地产开发投资的冲击影响为正，即政府公共服务支出增加将导致房地产开发投资增加，且这种影响在将一个较长的时期内持续；房地产开发商预期对房地产开发投资的冲击效应为正，说明随着对市场信心不断增强，房地产开发商会增加房地产开发投资，但是这种影响较小且经过两个季度以后开始逐渐下降；实际利率增加对房地产开发投资的冲击影响为负，说明随着实际利率水平不断上升，房地产开发商将逐渐减少房地产开发投资，且这种影响相对较大但是持续时间较短，从第二个季度开始实际利率对房地产开发投资的冲击影响接近为零。

与李晓芳等（2005）的研究类似，本书的研究同样发现政府的支出政策存在较长期的冲击影响。政府公共服务支出的正冲击为何对房地产开发投资有正的中长期冲击？一个可能的解释在于当期政府对教育、文化、公共交通等在内的公共服务的支出在中长期将以实物形态持续存在，例如优质的教育资源、完善的公共交通等，公共服务的提高与改善一方面改善了房地产开发商的投资环境、增加了投资机会，另一方面公共服务的改善往往会吸引居民"用脚投

Response of LNREISA_PI to LNGESA_PC　　Response of LNREISA_PI to EC2R　　Response of LNREISA_PI to RR_PC

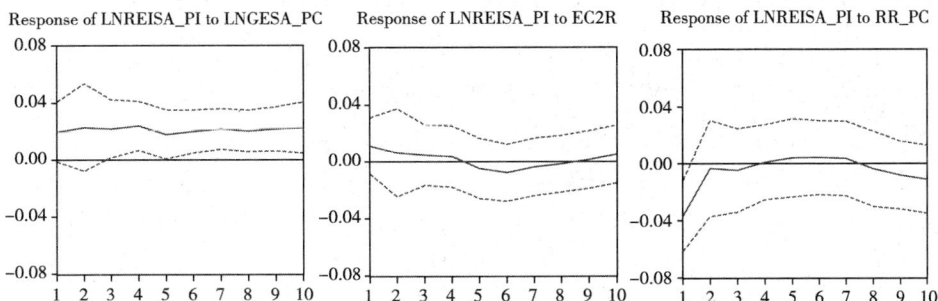

图3-2　房地产开发投资对各变量冲击的响应

票"（Tiebout，1956），带来房地产需求的提升进而引发房地产开发投资增加，公共服务资本化现象的存在还会使得开发商预期有较高的投资利润进而进一步吸引开发商增加投资①。因此，政府公共服务支出对房地产开发投资的影响可在一个较长的时期内持续。

房地产开发商市场预期与实际利率水平的正冲击对房地产开发投资有相对较短期的影响则不难理解。从房地产开发商预期来讲，开发商往往根据市场的当前状况与未来可能变化来建立自己对市场的判断与预期，市场运行状况的改变将使得开发商的预期发生改变，因此当期开发商对市场的预期往往在短期集中影响开发投资。实际利率的影响同样如此，一旦利率变化这一信息为市场所接受，市场参与者将会根据此利率变化来调整自己的决策。

3.6
本章小结

本章通过对相关文献进行回顾，总结了影响房地产开发投资的需求层面与供给层面的因素，从政府基本公共服务供给的视角，对房地产开发企业的投资决策进行了理论分析，并在此基础上提出需要检验的命题。在实证分析部分，本章首先采用30个大中城市的动态面板数据，就基本公共服务对房地产开发投资的溢出效应进行了初步的检验，系统GMM与差分GMM的估计结果均表明，从长期来看，政府公共服务支出对房地产开发投资存在溢出效应。政府公

---

① 关于公共服务资本化的论证，可参见李祥、高波、李勇刚：《房地产税收、公共服务供给与房价——基于省际面板数据的实证分析》，载于《财贸研究》2012年第3期。

共服务支出的对数每增加1%，房地产开发投资的对数将增加0.1%左右。

此外，本章还通过建立包含四个变量的 SVAR 模型并使用中国 2007 ~ 2012 年的季度数据，考察了基本公共服务对房地产开发投资的溢出效应在短期是否同样存在。实证研究结果表明这种溢出效应在短期是存在的，政府公共服务支出的正冲击对房地产开发投资的影响为正，且这种影响在一个较长的时期内持续。另外，本章还发现房地产开发商预期的正冲击对房地产开发投资的影响为正，但是这种影响较小且经过两个季度以后开始逐渐下降；而实际利率的正冲击对房地产开发投资的影响为负，且这种影响相对较大但是持续时间较短。

本章的实证研究发现政府公共服务支出的正冲击对房地产开发投资有较长时期的正冲击，这就要求政策制定者在区域之间、城乡之间以及城市内部之间注重公共服务支出的权衡，不断推进上述各区域之间的公共服务均等化，以免对局部地区的房地产市场造成较大的冲击，形成局部房地产市场过热的局面。另外，房地产开发商对市场的判断和预期确实会对其开发投资行为有影响，这就意味着政府对房地产市场的调控还需要加强对房地产开发商的预期管理。2010 年以来，以"限价"、"限贷"以及"限购"为代表的新一轮的楼市调控已经持续了较长时间并且取得了一定的调控效果，然而最近关于房地产市场的未来走向仍不明朗。因此，对于政策制定者来讲，为了获得想要的调控效果，除了制定正确的调控政策，加强对市场参与者尤其是房地产开发商的预期管理同样重要。准确的房地产市场信息则是形成合理预期的关键，这需要逐步清查并公布房地产市场的存量与增量信息、不断完善房地产市场相关的政策法规等。

第 4 章

基本公共服务对房地产需求的
溢出效应分析

引　言

　　本章旨在考察基本公共服务对房地产需求的溢出效应。对房地产需求的研究最早见于 1960 年穆斯（Muth）关于"非农住房需求"一文，该文也被认为是西方经济学领域房地产需求研究的开始。作为一种高度异质性的商品，对房地产需求的研究可以衍生出很多问题，比如对房地产数量与品质的需求，对房地产地段、户型以及装修程度的需求；比如对房地产投资的需求和对房地产消费的需求；再比如对房地产权属的选择——租买选择（Tenure Choice），即是买卖需求还是租赁需求。在完全信息条件下居民对于持有住房与持有其他资产是无差异的，租买选择取决于租赁的外部性，因为租赁存在外部性，人们更偏好持有住房而非租赁住房；在信息不完全时，居民持有住房的收益不确定，相反，持有其他资产的收益则是确定的，因此居民更加偏好租赁住房（Henderson and Ioannides，1983）。此外，对房地产需求的度量同样很复杂，既可以用房地产销售面积作为对房地产需求的度量，也可以用房地产销售金额或者城市人均住房面积乃至存量房地产作为对房地产需求的度量。

　　如果用房地产销售面积以及房地产销售金额作为对房地产需求的度量，可以发现我国的房地产需求在大多数年份保持旺盛的增长态势。从中国商品房屋销售面积的变动来看，1987 年中国商品房销售面积为 2 697.24 万平方米，2011 年则增加到 109 366.75 万平方米，是 1987 年的 40.55 倍，24 年间年平均增长率达到 16.68%，并且除了 1989 年、1996 年以及 2008 年以外，其他年份均实现正增长。从中国商品房屋销售额的变动来看，1987 年中国商品房销售额为 110.10 亿元，到 2011 年增加到 58 588.86 亿元，是 1987 年的 532.16 倍，24 年间年平均增长率高达 29.89%，仅在 2008 年为负增长（增长率为 -16.13%），其他年份均实现正增长。综合来看，房地产销售面积和房地产销售金额的变动情况非常相似，因此，二者在反映房地产需求的变动上不存在根本性差异。

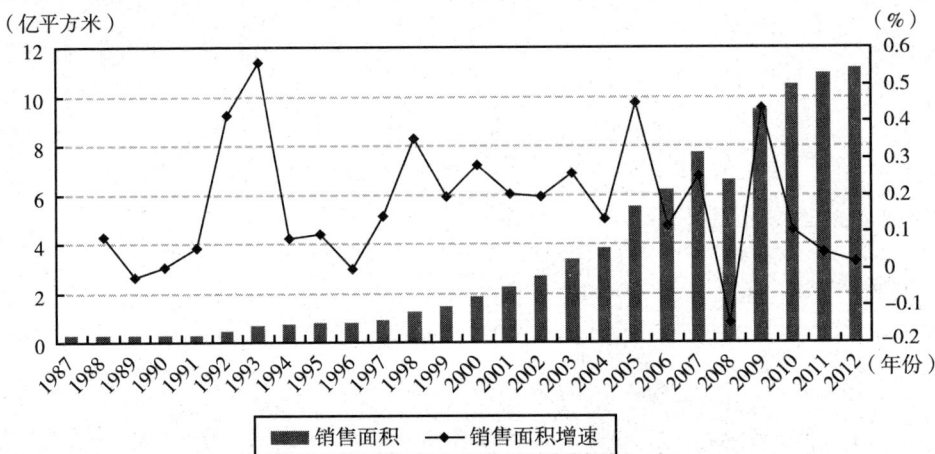

图 4-1　1987~2012 年中国商品房屋销售面积和增速

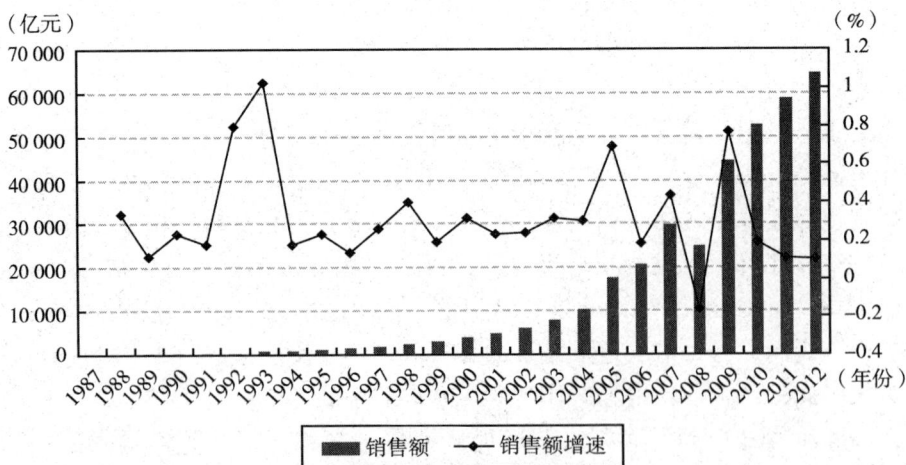

图 4-2　1987~2012 年中国商品房屋销售额和增速

资料来源：《中国统计年鉴》、《中华人民共和国 2012 年国民经济和社会发展统计公报》。

4.2

相关文献回顾

随着房地产市场的不断发展和住房需求的不断提高，我国居民的居住条件得到了大幅度的改善。据统计，2011 年全国城镇新建住宅面积 9.49 亿平方米，城镇居民人均住房建筑面积为 32.7 平方米，农村居民人均住房面积为 36.2 平方米①。人口因素与收入水平等经济基本面因素是推动住房保持旺盛需求的主要原因。

1. 人口因素与房地产需求②

人口因素对房地产市场尤其是住宅市场的发展有不可忽视的影响。一是因为人口尤其是处于工作年龄段的人口构成了住宅市场中住房产品最主要的供给者与需求者，在人的生命周期中，随着收入水平与偏好结构的变化，其住房需求也将发生变化；二是因为人口因素会影响国民经济增长率、居民储蓄率，而无论经济增长率还是储蓄率都必然会对住宅市场产生重要影响。曼昆和威尔（Mankiw and Weil，1989）构建了家庭住宅需求方程以估计不同年龄人口的住宅需求参数，研究发现，20 岁以下的人几乎对住宅需求没有影响，20～30 岁人群对住宅需求有跳跃性的提高，超过 40 岁以后，人们对住宅的需求则以大约每年 1% 的速度下降；战后"婴儿潮"一代进入成年阶段增加了住宅市场的需求从而推高了 20 世纪 70 年代的房价。研究还预测到 2010 年左右人口结构的变化将导致美国房价下降 47%。霍兰德（Holland，1991）通过协整检验同样发现"婴儿潮"一代进入婚配年龄使得住宅需求增加。埃米施（Ermisch，1996）利用英国的微观数据研究了人口年龄结构对住宅需求的影响，研究认为人口年龄结构对住宅需求具有很强的影响，各不同年龄人口的分布状况对于决定住宅需求增长率很重要，老龄化的人口结构将降低住宅需求增长率。相比以上经验性研究，李文莉和姚瑞（Li and Yao，2007）则以家庭为研究对象，构建了代表性家庭生命周期住房消费与投资组合选择模型，研究发现相比中年人，年轻人与老年人的非住宅消费对房价变动更为敏感。李祥和高波（2011）

---

① 资料来源：《中国统计年鉴》（2012），中国统计出版社。

② 李祥、高波：《人口年龄结果对住宅市场的影响效应分析》，载于《经济体制改革》2011 年第 6 期。

则发现处于婚配年龄的 15～29 岁人群会对住宅产生大量需求，50～64 岁人群则出于投资保值目的，更多地选择房地产作为自己的资产组合。

2. 居民收入水平与房地产需求

根据微观经济学理论，需求即指消费者有支付能力的且已经实现的需求。在研究居民的消费选择行为时，居民的收入水平也一直是学者们关注的重要因素之一。国内外的研究均表明居民的收入水平对其房地产需求有很大的影响。古德曼和川合（Goodman and Kawai，1982）和卡梅隆（Cameron，1986）的研究认为家庭的持久收入是决定住宅需求的主要因素。波林斯基和埃尔伍德（Polinsky and Ellwood，1979）构建了包含居民持久收入的房地产需求函数并基于美国联邦房屋署（FHA）的 10054 份数据测算了房地产需求收入弹性，得到房地产需求收入弹性为 0.39。李堂宏和江昌民（Tong Hun Lee and Chang Min Kong，1997）则认为居民收入的稳定性对其房地产需求的影响是有差异的，相对于收入存在的持久收入和暂时收入，房地产需求也分为持久需求和暂时需求两个部分。王金明和高铁梅（2004）构建了包括城镇居民可支配收入作为解释变量的房地产需求函数并测出我国住房的需求收入弹性在 1.58～1.66 之间。高波和王斌（2008）认为收入是影响房地产需求最根本的因素，没有收入就没有购买力，收入不断积累形成的家庭财富对房地产需求也构成影响，研究还发现中国的房地产需求收入弹性存在显著的区域差异，平均来讲中部地区收入弹性最大，为 3.1，东部地区和西部地区相对较小，分别为 1.727 和 2.746。魏巍贤和李阳（2005）则认为我国居民的房地产需求存在差异，收入对居民房地产需求的影响在西部地区尤为凸显。

除了人口因素与收入水平等经济基本面因素影响房地产需求以外，利率与贷款等金融变量同样影响房地产需求。米什金（Mishkin，2007）认为，利率主要通过资本使用成本（user cost）与预期房价波动两种方式对房地产需求产生影响。王先柱等（2011）发现利率提高能够在一定程度上抑制房地产需求，但是必须达到一定基点以后，并且这种抑制作用存在区域差异，具体表现为西部地区抑制最强而东部和中部地区抑制较弱。李宏瑾（2005）发现银行对房地产开发环节和个人住房融资的贷款强有力地支撑了房地产市场的需求。孔行等（2010）对住房按揭贷款影响房地产市场有效需求的作用机理进行了理论分析，结果发现按揭贷款能够从使用者成本和预算约束两个方面影响房地产需求，且二者影响房地产需求的方向截然相反。

4.3
居民住房消费理论分析

根据蒂布特（1956）的研究，居民在选择居住地时将综合考虑当地的公共服务水平，并在自己的预算约束下选择不同的商品组合来获得当期最大效用（本章只考虑消费者生命周期为 1 期的情况）。因此，本章假定消费者面对的商品向量 X 包含三类：一般消费品 x、住房 h 和基本公共服务 PS，即 $X = X(x, h, PS)$，这种消费组合的效用函数为：

$$U(X) = \prod X_i^\alpha \tag{4.1}$$

其中，$0 < \alpha < 1$，$X_i \geqslant 0$。

考虑一个拥有 I 个地区 N 个消费者的模型，地区 i（$i \in [1, I]$）代表性消费者 j（$j \in [1, n]$，且 $\sum_i^I n_i = N$）的年均可支配收入为 Y_{ij}，分别用于消费一般商品、住房和基本公共服务，并且一单位住房服务的价格为 P_h，一般商品 x 是计价品（numeraire），其价格标准化为 1。一般来讲，消费者可通过租房或者买房两种方式解决住房问题，在中国目前房地产大规模开发尚未结束阶段我们假定消费者均是通过买房的方式解决住房问题。

因此，考虑基本公共服务选择与"用脚投票"以后，居民关于住房消费的一个最优化函数为：

$$\max_{x,h} U(x, h) = \max_{x,h} \prod X_i^\alpha$$
$$\text{s. t. } P_h h + x = Y \tag{4.2}$$

解上述最优化问题，可得到消费者的住房需求函数 $D_h = f_h(P_h, Y,)$，并且住房需求函数满足 $\dfrac{\partial f_h}{\partial Y} > 0$、$\dfrac{\partial f_h}{\partial P_h} < 0$。

基本公共服务则可以通过至少两个渠道影响居民的住房消费需求。

1. 基本公共服务通过收入分配渠道促进住房需求

收入是居民消费行为的主要影响因素之一。刘晓峰等（2010）认为城市劳动力的人均实际收入应该包括工资收入与公共服务福利两部分，基本公共服务的改善本身就会提高人们的实际收入。更为重要的是，基本公共服务还会通过教育等渠道影响劳动力的人力资本积累。研究进一步认为当城市里移民规模达到一定水平时，对于移民的公共服务歧视就可能加剧城市内部不同户籍身份的劳动力之间的收入差距以及社会冲突，从而造成社会资源的非生产性消耗。这时，通过分享公共服务、促进社会融合来减少收入差距和社会冲突，就可能有利于城市部门的资本积累和城乡居民收入的共同提高。

吕炜和赵佳佳（2007）认为提供像教育、医疗等重要的基本公共服务能够突破低收入群体由于较低的初始财富导致的在人力资本投资、职业选择、工资、技术水平等方面不良状态的瓶颈，并最终改变收入分配格局。研究还进一步分析了基本公共服务改善收入分配的两个途径：一方面，基本公共服务会作为一种要素进入生产函数进而影响收入；另一方面，基本公共服务可以通过提高福利水平影响收入分配。最终的实证研究对公共服务有助于调节收入分配的观点提供了支持。

综上所述，可以认为基本公共服务的提高对于改善收入分配、提高居民实际收入具有重要作用。如果构建包括基本公共服务在内的居民收入函数，那么公共服务与居民可支配收入即存在如下关系：$\dfrac{\partial Y}{\partial PS} > 0$。

由此可以得到：$\dfrac{\partial f_h}{\partial PS} > 0$，这也就表明了公共服务的提高将促进居民住房需求的增加。

2. 基本公共服务通过引致需求渠道促进住房需求

中国的户籍制度是一种以户为单位的人口管理制度，户籍象征着居民在某地生活生活的合法性，由于中国特殊户籍制度的存在，居民们在享受当地的基本公共服务上同样会受到限制，例如包括教育资源在内的很多基本公共服务是与居民的户口相挂钩的。熊小林（2010）认为中国现行的户籍制度将居民的迁徙自由、接受教育和享受社会福利等方面的基本权利限定在户籍所在地的区域内，城乡之间、大城市与小城市之间甚至大城市与大城市之间，存在着不同类型并且封闭的公共服务体系。中国人口与发展研究中心课题组（2012）同样认为我国现行户籍管理制度本质上是一种身份制度，这种制度使得居民在就业、就学、就医等领域享受的是差别化待遇，从而造就了不平等的城市阶层和农村阶层。

基本公共服务在区域之间、城市之间尤其是城乡之间的非均等化，使得居民为了享受某些特定的公共服务而不得不首先取得当地的资格，付文林（2007）就发现地方公共服务水平的提高会引起当地户籍人口增加。而通过购买住房的形式实现获取户籍的资格则是最为常用的方法之一。郑思齐等（2012）认为家庭对住房的需求体现为——对住房自身所提供的居所服务的需求（称为居住空间需求）和对住房所在区位提供的公共服务的需求（称为区位质量需求）两个方面。实证研究表明，户籍制度限制了移民获得当地公共服务的机会，阻碍其为提升人力资本而投资的意愿，并造成福利损失。因此，居民对基本公共服务的需求很可能会引致其对房地产尤其是住房需求的增加。

因此，基本公共服务通过收入分配效应与引致需求效应两个渠道促进房地产需求的理论机制如图4-3所示。

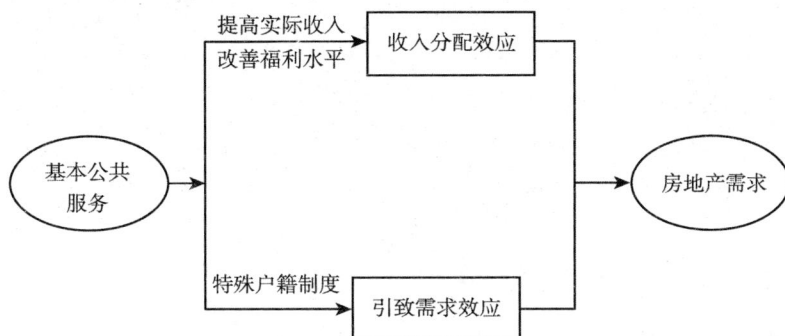

图4-3 基本公共服务促进房地产需求的作用机制

综上所述，可以得出如下命题：

命题4-1：基本公共服务水平的提高将促进房地产需求的增加，即基本公共服务对房地产需求存在溢出效应。

基本公共服务的提高，既可以提升社会的福利水平，也可以改善居民的收入分配，这些都有利于提高居民的实际收入，而收入又是决定住房需求当中最为重要的因素之一，收入的提高会提高居民的住房需求。另外，由于特殊户籍制度的存在，居民为了享受诸如教育、医疗等基本公共服务，往往会通过购买住房获得当地户口的方式而享受当地政府提供的基本公共服务，也就对住房产生引致需求。因此，基本公共服务水平的提高，可以通过收入分配渠道与引致需求渠道而促进住房的需求，即基本公共服务对房地产需求产生溢出效应。

4.4

基本公共服务对房地产需求溢出效应的检验

4.4.1 计量模型设定

结合第三部分理论模型得出的命题以及上述分析，参考高波和赵奉军

（2012）的研究，本章同样以新建商品住房销售面积作为房地产需求的代理变量，以政府教育事业以及科学事业等方面的财政支出作为公共服务支出的代理变量；同时考虑房价水平、人均可支配收入水平等因素对住房消费的影响。基于此，本章构建如下对数型计量模型：

$$\ln HS_{it} = C + \beta_1 \ln PS_{it} + \beta_2 \ln P_{hit} + \beta_3 \ln PI_{it} + \beta_4 \ln PD_{it} + \varphi_{it} \tag{4.3}$$

其中，i，t 分别表示地区与时间；HS_{it} 表示 i 地区 t 时期的住房消费；C 为常数项；PS_{it} 表示 i 地区 t 时期的公共服务支出；P_{hit} 表示 i 地区 t 时期的房价水平；PI_{it} 表示 i 地区 t 时期的人均收入水平；PD_{it} 表示 i 地区 t 时期的人口密度；$\beta_1 \sim \beta_4$ 为各变量的回归系数；φ_{it} 为随机扰动项。如果 β_1 显著大于零，则说明政府公共服务支出对当地的房地产需求产生溢出效应。

4.4.2 数据来源与描述统计

本章的被解释变量为住房消费，核心解释变量为政府公共服务支出，其他变量还包括房价水平、人均收入水平以及城市人口密度等，各变量的定义如下：

（1）住房消费（HS）：本章中的住房消费以各地区当年新建商品住房销售面积来表示。

（2）公共服务支出（PS）：以各地区用于教育事业与科学事业上的财政支出之和表示。

（3）住房价格（P_h）：各地区房价以销售均价来表示，根据各地区 1999 ~ 2010 年住房销售额、住房销售面积计算而得。

（4）人均收入水平（PI）：由于我国的房地产市场多集中于城市，本章中的人均收入水平以各地区城镇居民人均可支配收入表示。

（5）人口密度（PD）：以各地区每平方公里内的人口数表示。

本章选取北京、天津、石家庄、太原、呼和浩特、沈阳、长春、哈尔滨、上海、南京、杭州、合肥、福州、南昌、济南、郑州、武汉、长沙、广州、深圳、南宁、海口、重庆、成都、贵阳、昆明、西安、兰州、西宁以及银川在内的全国 30 个大中城市的面板数据。涉及的被解释变量、解释变量数据来源于中经网 - 中国统计数据库、历年《中国城市统计年鉴》以及部分城市的统计年鉴。此外，为了消除住房销售面积、政府公共服务支出、房价水平等数据中存在的异方差以及量纲的问题，在实证分析时，本章对所有变量取自然对数，各变量的描述性统计见表 4 - 1。

表 4-1　　　　　　　　　　　变量的描述性统计

	平均值	最大值	最小值	标准差	观测值
$\ln HS$	5. 847667	8. 290621	3. 091042	1. 084282	360
$\ln PS$	2. 626007	6. 416599	-0. 535802	1. 370457	360
$\ln P_h$	8. 025025	9. 849770	7. 143073	0. 537869	360
$\ln PI$	9. 357088	10. 42207	8. 469021	0. 460749	360
$\ln PD$	7. 197400	9. 345684	5. 920183	0. 640750	360

4.4.3　单位根与协整检验

本章分别采取 LLC 方法与 IPS 方法对各变量进行单位根检验。各变量 LLC 与 IPS 单位根检验的结果见表 4-2。由表 4-2 可知，$\ln HS$、$\ln PS$、$\ln P_h$ 与 $\ln PI$ 各序列均为非平稳序列，但是一阶差分以后都是稳定的；$\ln PD$ 则为平稳序列。

表 4-2　　　　　　　　　　LLC 与 IPS 单位根检验结果

变量	原序列		一阶差分序列		结论
	LLC 检验	IPS 检验	LLC 检验	IPS 检验	
$\ln HS$	-6. 819*** (0. 00)	-0. 611 (0. 27)	-20. 634*** (0. 00)	-14. 363*** (0. 00)	I (1)
$\ln PS$	2. 760 (1. 00)	8. 273 (1. 00)	-14. 479*** (0. 00)	-10. 323*** (0. 00)	I (1)
$\ln P_h$	19. 206 (1. 00)	19. 755 (1. 00)	-4. 318*** (0. 00)	-0. 4213 (0. 34)	I (1)
$\ln PI$	-4. 808 (1. 00)	12. 260 (1. 00)	-10. 378*** (0. 00)	-6. 615*** (0. 00)	I (1)
$\ln PD$	-9. 991*** (0. 00)	-12. 392*** (0. 00)	-76. 064*** (0. 00)	-32. 619*** (0. 00)	I (0)

注：（1）括号内为 p 值；（2）***、** 和 * 分别表示在 1%、5% 和 10% 水平上拒绝"有单位根"的原假设。

本章采用基于 Engle and Granger 二步法检验基础上的 Kao 检验与 Pedroni 检验进行协整检验，两种检验方法的原假设皆为原序列不存在协整关系。住房消费与政府公共服务支出的协整检验结果见表 4 – 3。

表 4 – 3 面板协整检验结果

检验方程	检验方法	检验假设	统计量名	统计量值（P 值）
住房消费与公共服务支出	Kao 检验	H_0：不存在协整关系（$\rho = 1$）	ADF	– 2.690595（0.0036）**
	Pedroni 检验	H_0：$\rho_i = 1$ H_1：$(\rho_i = \rho) < 1$	Panel v-Statistic	1.394844（0.0815）*
			Panel rho-Statistic	– 2.087276（0.0184）**
			Panel PP-Statistic	– 4.928833（0.0000）**
			Panel ADF-Statistic	– 2.070840（0.0192）**
		H_0：$\rho_i = 1$ H_1：$\rho_i < 1$	Group rho-Statistic	0.176615（0.5701）
			Group PP-Statistic	– 5.575457（0.0000）**
			Group ADF-Statistic	– 1.855285（0.0318）**

注：** 和 * 分别表示在 5%、10% 显著性水平下拒绝原假设而选择被择假设。

由表 4 – 3 协整检验的结果可知，7 个统计量中，仅 Group rho-Statistic 统计量未能通过显著性水平检验，Panel v-Statistic 统计量在 10% 显著性水平下拒绝原假设而选择被择假设，其余 5 个统计量均在 5% 显著性水平下拒绝原假设而选择被择假设。此外，Kao 检验结果同样表明住房消费与政府公共服务支出之间存在协整关系。因此，综合 Kao 检验与 Pedroni 检验的结果，可以认为考察期内住房消费与政府公共服务支出之间存在协整关系，从而可以对各变量进行回归分析以考察其长期的均衡关系。

4.4.4　计量结果分析

本章利用 Eviews6.0 软件对住房消费与政府公共服务支出之间的关系进行计量分析，实证结果见表 4 – 4 和表 4 – 5。其中，表 4 – 4 是全国层面的回归结果，表 4 – 5 则是区域层面的回归结果。

表4-4 全国层面公共服务支出与住房消费计量分析结果

	模型 I			模型 II		
	混合估计	固定效应	随机效应	混合估计	固定效应	随机效应
常数项 (C)	1.999679 *** [0.547768] (3.650593)	1.525701 *** [0.619619] (2.462319)	1.573376 *** [0.602280] (2.612366)	2.289413 *** [0.563967] (4.059481)	1.546137 ** [0.622389] (2.484195)	1.914465 *** [0.525721] (3.641595)
公共服务支出 ($\ln PS$)	0.102362 *** [0.031106] (3.290733)	0.056853 *** [0.026580] (2.138952)	0.059516 ** [0.026500] (2.245841)	0.100808 *** [0.031486] (3.201661)	0.048742 * [0.026403] (1.846069)	0.068701 *** [0.026158] (2.626344)
公共服务支出 滞后项 ($L1.\ln PS$)	0.077965 *** [0.029540] (2.639278)	0.054735 ** [0.025519] (2.144870)	0.057831 ** [0.025301] (2.285689)	0.079508 *** [0.030230] (2.630084)	0.047776 * [0.025432] (1.878585)	0.059028 ** [0.025135] (2.348428)
房价 ($\ln P_h$)	−0.283858 *** [0.073942] (−3.838926)	−0.206677 *** [0.064724] (−3.193211)	−0.210187 *** [0.064398] (−3.263886)			
房价预期 ($\ln P_h$ (−1))				−0.264721 *** [0.073289] (−3.611986)	−0.178911 *** [0.066616] (−2.685705)	−0.205954 *** [0.063028] (−3.267656)
居民收入 ($\ln PI$)	0.097484 [0.082928] (1.175529)	0.062119 [0.088270] (0.703748)	0.061189 [0.085923] (0.712140)	0.048625 [0.076285] (0.637408)	0.032976 [0.088881] (0.371006)	0.025234 [0.073079] (0.345304)
人口密度 ($\ln PD$)	−0.004376 [0.023717] (−0.184521)	−0.001113 [0.019430] (−0.057268)	−0.001336 [0.019426] (−0.068778)	−0.005006 [0.023784] (−0.210475)	−0.000727 [0.019520] (−0.037231)	−0.002499 [0.019501] (−0.128149)
滞后项 ($\ln HS$ (−1))	0.877105 *** [0.029596] (29.63583)	0.926546 *** [0.025504] (36.32913)	0.923722 *** [0.025422] (36.33514)	0.877017 *** [0.029936] (29.29663)	0.932176 *** [0.025447] (36.63196)	0.911064 *** [0.025076] (36.33200)
R^2	0.931314	0.955551	0.937419	0.930970	0.955138	0.934247
调整 R^2	0.930254	0.953427	0.936453	0.929905	0.952995	0.933232
F 统计量 (P 值)	878.6298 (0.000000)	450.0149 (0.000000)	970.6564 (0.000000)	873.9204 (0.000000)	445.6808 (0.000000)	920.7055 (0.000000)
$D-W$ 值	2.675058	2.366815	2.392571	2.651512	2.359911	2.509886

注：（1）方括号内为标准差，圆括号内为 t 值；（2）***、** 和 * 分别表示在 1%、5% 和 10% 水平上显著；（3）表中基本公共服务滞后项的回归结果只列出一阶滞后项的回归结果且未列出其他变量的回归结果。

由表4-4可知，从全国层面来看，政府公共服务支出与住房消费各计量方程的拟合优度均在0.93以上，调整后的拟合优度同样在0.93以上或接近0.93，联合分布检验的 F 值概率均接近于0，且各回归方程的 $D-W$ 值在2左右，说明各方程回归结果较好。在不含房价滞后项的回归方程中，无论是采用最小二乘法估计（OLS）、固定效应模型（FEM）还是随机效应模型（REM），本章所关注的核心解释变量——政府公共服务支出均与住房消费显著正相关，三种回归方法中，政府公共服务支出的弹性系数分别为0.10、0.06与0.06，较为稳定且分别在1%、1%与5%的水平上显著；滞后一期的政府公共服务支出同样与居民的住房消费显著正相关，但是弹性系数均小于当期政府公共服务支出对住房消费的影响，表明当期政府的公共服务支出溢出效应更大。

另外，本期房价水平与住房消费显著负相关，本期房价的弹性系数分别为0.28、0.21与0.21，且均在1%的水平上显著；在其他控制变量中，人均可支配收入虽然与住房消费呈现正相关关系，但是在统计上并不显著；人口密度则无论在哪种估计方法中均不显著。

考虑到居民对房价的预期，将房价滞后项加入回归方程中。实证结果发现，在三种估计方法得到的结果中政府公共服务支出与住房消费仍然显著正相关，弹性系数分别为0.10、0.05和0.07；上期房价水平与住房消费显著负相关，弹性系数分别为0.26、0.18与0.21，且均在1%的水平上显著；人均可支配收入与人口密度仍然不显著。综上可知，从全国层面来看，政府公共服务支出对居民的住房需求存在溢出效应，政府公共服务支出每增加1%，居民的住房需求将增加0.05%以上。

表4-5　　　　　　　　区域层面财政支出与住房消费计量分析结果

	东部		中部		西部	
	模型Ⅰ	模型Ⅱ	模型Ⅰ	模型Ⅱ	模型Ⅰ	模型Ⅱ
常数项 （C）	3.467211 *** [0.913596] (3.795127)	3.918209 *** [0.944188] (4.149819)	1.556223 [1.259226] (1.235857)	2.433799 * [1.380833] (1.762558)	1.105420 [1.062230] (1.040659)	1.167750 [1.082812] (1.078442)
公共服务支出 （$\ln PS$）	0.183445 *** [0.058737] (3.123150)	0.190323 *** [0.060673] (3.136877)	0.099761 [0.089888] (1.109829)	0.122290 [0.090139] (1.356678)	0.108835 * [0.061340] (1.774278)	0.105664 * [0.061461] (1.719224)
房价 （$\ln P_h$）	-0.342504 *** [0.131692] (-2.600797)		-0.337747 * [0.183805] (-1.837525)		-0.161942 [0.141374] (-1.145485)	
房价预期 （$\ln P_h$（-1））		-0.336042 ** [0.133422] (-2.518640)		-0.467581 ** [0.204503] (-2.286427)		-0.099770 [0.135853] (-0.734396)
居民收入 （$\ln PI$）	0.061327 [0.148038] (0.414265)	0.007922 [0.134348] (0.058970)	0.170319 [0.201276] (0.846198)	0.179839 [0.190881] (0.942154)	0.099930 [0.149611] (0.667936)	0.043896 [0.137715] (0.318747)

续表

	东部		中部		西部	
	模型 I	模型 II	模型 I	模型 II	模型 I	模型 II
人口密度 （lnPD）	−0.069395 [0.048553] （−1.429253）	−0.069980 [0.048868] （−1.432021）	0.045579 [0.067634] （0.673897）	0.051186 [0.067045] （0.763461）	−0.016990 [0.043812] （−0.387799）	−0.021073 [0.043794] （−0.481186）
滞后项 （lnHS（−1））	0.801786 *** [0.060970] （13.15060）	0.793960 *** [0.062243] （12.75590）	0.850837 *** [0.062384] （13.63869）	0.836917 *** [0.062343] （13.42442）	0.876096 *** [0.051836] （16.90132）	0.875921 *** [0.052041] （16.83152）
R^2	0.921520	0.921270	0.925366	0.926950	0.940097	0.939654
调整 R^2	0.918406	0.918146	0.920815	0.922496	0.937217	0.936753
F 统计量 （P 值）	295.9003 （0.000000）	294.8830 （0.000000）	203.3392 （0.000000）	208.1039 （0.000000）	326.4290 （0.000000）	323.8810 （0.000000）
D − W 值	2.735956	2.652504	2.494519	2.451773	2.666618	2.666133

注：（1）方括号内为标准差，圆括号内为 t 值；（2）***、** 和 * 分别表示在 1%、5% 和 10% 水平上显著；（3）东部地区包括北京、天津、石家庄、沈阳、上海、南京、杭州、福州、济南、广州、深圳和海口等 12 个城市；中部地区包括太原、长春、哈尔滨、合肥、南昌、郑州、武汉和长沙等 8 个城市；西部地区包括呼和浩特、南宁、重庆、成都、贵阳、昆明、西安、兰州、西宁和银川等 10 个城市。

从区域层面来看，在东部地区，无论是否考虑房价的滞后项，混合估计的结果表明政府公共服务支出与居民住房消费均呈现正相关的关系且均通过 1% 的显著性水平检验，政府公共服务支出每提高 1%，居民住房消费将提高 0.18% 以上；无论是本期房价水平还是上期房价水平均与居民住房消费显著负相关，房价水平每提高 1%，居民消费将减少 0.34% 左右；在中部地区，虽然政府公共服务支出与居民住房消费均呈现正相关的关系，但是统计上并不显著；房价水平则对居民住房消费有显著的抑制效应，本期房价水平每提高 1%，居民消费将减少 0.34% 左右，上期房价水平每提高 1%，居民消费将减少 0.47% 左右；在西部地区，政府公共服务支出同样与住房消费正相关，且通过 10% 的显著性水平检验，房价水平则与住房消费负相关，但统计上并不显著。此外，无论是东部、中部还是西部，收入水平均与住房消费正相关但是并不显著。

综合表 4-4 和表 4-5 的计量结果，可以认为政府公共服务支出对居民的住房消费存在一定的溢出效应，且这种溢出效应在东部地区最高。另外，东部和中部地区较高的房价抑制了居民的住房消费，且房价对住房消费的抑制作用在中部地区更高；而在西部地区，情况则正好相反，房价的变动并未抑制居民的住房消费。因此，为了促进居民的住房消费，除了增加公共服务支出以外，在东、中部地区应控制房价的过快上涨，在西部地区应加大转移支付等手段，通过收入再分配增加居民的收入水平成为应有之意。

4.5

基本公共服务与家庭住宅权属选择：
基于30个城市调研数据的实证分析

通过第4.3节的理论分析与第4.4节的实证检验，本章的研究发现政府的基本公共服务支出对居民房地产需求存在溢出效应，由此可以得到一个推论：家庭的住宅需求受到住宅周边基本公共服务的影响，也即基本公共服务会影响家庭的住宅权属选择，基本公共服务水平的提高有助于提高住宅的所有权。实际上住宅权属选择已经是一个非常重要的课题，周京奎（2011）就通过城市住户调查数据考察了家庭收入不确定性对其住宅需求的影响，发现家庭收入不确定性在住宅权属选择方面具有负的影响效应——社会经济地位较高的家庭更倾向于拥有住宅，而社会经济地位较低的家庭受到不确定性的冲击大于其他类型家庭。但是该研究并没有考虑住宅周边的基本公共服务以及户口对家庭住宅权属选择会产生的影响。本章将基于教育部哲学社会科学研究重大课题攻关项目"我国城市住房制度改革研究"对中国30个大中城市进行问卷调查所获取的数据，就基本公共服务与家庭住宅权属选择之间的关系进行实证分析。

4.5.1 数据说明

教育部哲学社会科学研究重大课题攻关项目"我国城市住房制度改革研究"（项目编号：10JZD0025）课题组，在2011年7月至9月，对中国北京、天津、石家庄、沈阳、长春、哈尔滨、上海、南京、杭州、福州、济南、郑州、武汉、长沙、广州、重庆、成都、西安、合肥、海口、深圳、昆明、南昌、贵阳、太原、南宁、西宁、兰州、银川和呼和浩特等30个大中城市的房地产市场进行了实地调查，并采取随机抽样方法，对每个城市的普通市民进行了开放式访谈。本次调查共收回调查问卷6 428份，其中有效问卷6 102份。在大样本数据的支持下，对中国城市住房制度改革状况及其绩效和居民微观经济决策行为进行科学分析。

（1）被解释变量：住宅权属选择。城市居民的居住类型一般分为"自有"和"租赁"两种，其中"自有"住房指的是家庭拥有产权的住宅，"租赁"

住房指的是家庭未拥有产权的住宅①。通过对问卷设计与南京市的调研，最终问卷中家庭的住宅类型分为自购住房、市场出租房、单位房改房、长辈房产、廉租房、经济适用房、限价房、政府公共租赁房、借住房、小产权房、租住单位宿舍等10种形式。不论是通过购买、单位房改还是长辈遗赠获得的住房，均为家庭拥有的自有住房，本章将自购住房、单位房改房、长辈房产、经济适用房、限价房等都视为自有住房，市场出租房、廉租房、政府公共租赁房、租住单位宿舍、借住房等视为租赁住房。

（2）解释变量：根据上述的理论分析和问卷设计及调查结果，本章将进入模型的解释变量分为居民和家庭特征因素与住房周边的基本公共服务因素两类。关于两类因素的进一步说明如下。

首先分析和确定家庭特征的变量。对住房需求选择而言，租赁或购买住房的家庭具有某些共同特征成为研究租买选择影响因素的一个重要方面。自从麦克法登（McFadden，1974，1978）开创离散选择理论研究住房选择以来，几乎所有相关研究都认为，居民个体及其家庭特征是影响其住宅权属选择的重要变量。结合相关文献与问卷的设计，本章中的家庭特征变量共有5个，分别是年龄、户口、家庭人口数、职业、收入。各变量的详细说明如表4－6所示。

（1）年龄。在年龄的划分上，本章根据我国居民生命周期特点对住房市场的影响进行分组。问卷对年龄的划分共分为30岁以下、30～37岁、38～45岁、46～53岁、54～60岁和60岁以上六个组。

（2）家庭人口。一般而言，家庭规模越大，需要的居住空间就更多，家庭中大于65岁的赡养人口、小于18岁的抚养人口数则反映了家庭的负担情况，会使家庭支出更多的用于购房以外的消费，但也会对居住的稳定性有更高的要求。

（3）户口。调查问卷将受访者的户籍分为"本市非农业"、"本市农业"、"外地"、"外国国籍"等四类。按是否拥有本市城市户口，本文将样本归类为"本市市民"和"非本市市民"，"本市市民"即指"本市非农业户口"，"非本市市民"则包括"本市农业"、"外地"和"外国国籍"三类人口，用以反映城市人口的流动性在基本公共服务对居民住房权属选择中的作用。勃姆等人（Boehm et al.，1991）就认为居民未来的流动性与其当前的居住权形式选择是联系在一起的。我国的户籍制度使户口对城市居民还意味着享有教育、医疗等一系列基本公共服务的权利，也因此成为定居某地的重要考虑原因。

———————————

① 一个特殊的情况是"小产权房"，本书中将"小产权房"视为租赁住房。实际上，通过调研发现，这一居住形式在样本中所占比例极小。

表 4 - 6   居民个体及其家庭特征变量的设定

变量类型	变量名称	变量说明与定义
被解释变量：	住宅权属（*ownership*）	自有住房 = 1，租赁住房 = 0
解释变量（一）：居民个体及家庭特征	*age*1	当受访者年龄 < 30 岁时，年龄 = 1，否则 = 0
	*age*2	当受访者年龄在 30 ~ 37 岁时，年龄 = 1，否则 = 0
	*age*3	当受访者年龄在 38 ~ 45 岁时，年龄 = 1，否则 = 0
	*age*4	当受访者年龄在 46 ~ 53 岁时，年龄 = 1，否则 = 0
	*age*5	当受访者年龄在 54 ~ 60 岁时，年龄 = 1，否则 = 0
	*age*6	当受访者年龄 > 60 岁时，年龄 = 1，否则 = 0
	hukou	当受访者是本市非农业户口时，户口 = 1，否则 = 0
	renkou	家庭总人口数
	*renkou*1	家庭大于 65 岁人口数
	*renkou*2	家庭小于 18 岁人口数
	*job*1	当受访者职业为行政事业时，职业 = 1，否则 = 0
	*job*2	当受访者职业为企业单位或者个体私营时，职业 = 1，否则 = 0
	*job*3	当受访者职业为自由职业者、城郊农民时，职业 = 1，否则 = 0
	*job*4	当受访者已退休时，职业 = 1，否则 = 0
	*income*1	当受访者家庭月收入小于当地的低保线时，收入 = 1，否则 = 0
	*income*2	当受访者家庭月收入在低保线和 4 800 元之间时，收入 = 1，否则 = 0
	*income*3	当受访者家庭月收入在 4 800 元和 9 000 元之间时，收入 = 1，否则 = 0
	*income*4	当受访者家庭月收入在 9 000 元和 15 000 元之间时，收入 = 1，否则 = 0
	*income*5	当受访者家庭月收入在 15 000 元和 3 万元之间时，收入 = 1，否则 = 0
	*income*6	当受访者家庭月收入大于 3 万元时，收入 = 1，否则 = 0

（4）职业。调查问卷将受访者从事的职业分为"公务员"、"企业单位工作人员"、"事业单位工作人员"、"个体工商户"、"私营企业主"、"自由职业者"、"退休"、"城郊农民"、"外来农民工"、"其他"等十类。根据各职业类型，本章将职业归类为"行政事业单位"、"企业个体私营部门"、"已退休"和"其他"四类。

（5）收入。根据新古典经济学的分析框架，收入和价格是决定商品需求的关键变量，家庭收入对其住房需求同样重要。本章对家庭收入的衡量采取的是最近几年家庭的平均月收入，具体包括当地城镇居民最低生活保障线以下、最低生活保障线至 4 800 元之间、4 800 元至 9 000 元之间、9 000 元至 15 000 元之间、15 000 元至 3 万元之间以及 3 万元以上六组。

最后确定和分析住房周边的公共服务变量。在第 1 章中，本书对基本公共服务衡量方法进行了概括总结，分为货币支出法、实物资本法以及主观评价法三类，本章将采用主观评价法对基本公共服务进行衡量。问卷中将住房周边的基本公共服务分为交通便利性（communication，comm）、教育和医疗设施完善性（education and hospital，edu and hos）以及环境宜居性（environment，env）三类，以居住者对这些属性的评分高低反映其水平，其中，交通便利性共包括"到最近的公交车站点距离"、"到最近的轨道交通站点距离"两个问项；教育医疗设施完善性分为"到最近的超市或购物商场距离"、"到最近的医院距离"、"到最近的幼儿园距离"、"是否是学区房"四个问项；环境宜居性则指的是"到最近的公共绿地距离"。调查问卷中的距离分为"1 公里以内，方便"、"1~2 公里，一般"、"2 公里以上，不方便"三等级，本章将对应的距离评分为 3、2、1 分；问卷中的"是否是学区房"，本章将是"学区房"打 3 分，否则为 0 分。此外，本章还将交通便利性、教育医疗设施完善性以及环境宜居性三项的得分加总得到住宅周边基本公共服务（Piblic Services，PS）的总得分。基本公共服务具体的变量设定如表 4-7 所示。

表 4-7 住房周边基本公共服务变量的设定

变量类型	变量名称	变量说明与定义
解释变量（二）：基本公共服务	交通便利性（comm）	受访者对住房到最近的公交站点和轨道交通站点距离的评分
	医疗设施（hos）	受访者对住房到最近的医院和超市或购物商场距离的评分
	教育设施（edu）	受访者对住房到最近的学校距离的评分和是否学区房的评分加总
	环境宜居性（env）	受访者对住房到最近的公共绿地距离的评分

居民家庭对各类基本公共服务具体的评价值描述性统计如表 4-8 所示。由表 4-8 可知，居民家庭对住宅离公交车站点的评价最高，住宅是否学区房的得分则最低。

表 4-8 居民家庭对各类基本公共服务具体的评价值统计描述

变 量		平均值	最大值	最小值	标准差	观测值
交通便利性	（GJC）	2.583838	3	0	0.671313	4 050
	（GDJT）	1.964141	3	0	0.89805	4 050

变　量		平均值	最大值	最小值	标准差	观测值
医疗设施	（CS）	2.431313	3	0	0.724716	4 050
	（YY）	2.188384	3	0	0.789465	4 050
教育设施	（XX）	2.311111	3	0	0.765298	4 050
	（XQ）	0.858838	3	0	1.327055	4 050
环境宜居性	（LD）	2.265909	3	0	0.793857	4 050

4.5.2　计量模型设定

一般来讲，经济计量模型中解释变量都被假定是连续的，但是在现实中，人们的经济决策经常面临需要选择的问题，即在有限多个可供选择的方案中做出选择。与通常被解释变量是连续的不同，此时，被解释变量往往只可以取有限多个离散的数值。当建立的计量经济模型中，被解释变量是有限多个离散的数值时，该计量模型即称为离散选择模型（Discrete Choice Model，DCM）（高铁梅等，2009）。离散选择模型描述了决策者在面对不同的可供选择的选项（如竞争性的产品或者行为的过程等）之间所做出的选择，并且要求居民的选择集合必须满足互斥性、完备性和有限性这三个性质（Train，1986）。由于能够对个体和家庭行为进行经验性的统计分析，离散模型在经济学、统计学和其他社会科学中得到广泛的应用（McFadden，2001）。在离散选择模型中，最简单的情形是在两个可供选择的方案中进行选择，此时因变量只有两个，因而称为二元选择模型（binary choice model），本章中居民住宅的权属选择分为有产权和无产权两类，因此所使用的模型也是二元选择模型。

本章在前人研究的基础上，构建出综合家庭特征因素、住房基本公共服务因素的居民住宅权属选择意愿模型。在被解释变量的选择上，本章选择的是居民家庭的居住类型，并将其分为有产权和无产权两种类型，因此居住类型为二值变量，假设如下：

$$\begin{cases} Ownership = 1 \text{ 时，有产权住房} \\ Ownership = 0 \text{ 时，无产权住房} \end{cases} \tag{4.4}$$

假定影响 $Ownership$ 发生的因素有 n 个，本章将影响因素其归为三类，即个人基本特征、家庭特征和住宅周边的基本公共服务，对应的符号分别为 X_1、X_2、X_3。记 P 表示在上述三类因素的作用下，事件 $Ownership$ 发生的概率，则

可得到关于 P 的一个关系式：

$$P = P\left(Ownership = \frac{1}{X_1, X_2, X_3} \right) = \frac{1}{1 + e^{-(\alpha_0 + \alpha_1 X_1 + \alpha_2 X_2 + \alpha_3 X_3)}} \tag{4.5}$$

将式（4.5）进行对数变换，得到线性模型为：

$$LogitP = \alpha_0 + \alpha_1 X_1 + \alpha_2 X_2 + \alpha_3 X_3 \tag{4.6}$$

其中，α_0 为常数项，α_1、α_2 和 α_3 分别为上述三类解释变量的系数。为了避免解释变量构成的矩阵非满秩性，在建模时，如果一个虚拟变量有 m 个分类，则引入 $m-1$ 个虚拟变量。在虚拟变量的设定上，分为"基准组"和"对照组"，被赋予 0 值的组被称为基准组，不出现在实证模型中。回归后得到虚拟变量系数的含义表示取值为 1 的类别的截距值和基准类截距值的差距。当变量 X 对应系数为正值并且统计显著时，说明在以基准变量为参照系的情况下，X 是影响事件 Ownership 发生概率的正面因素，并通过系数的大小表示对发生概率的影响程度。

二元离散选择模型在分析家庭的住宅权属选择上有着很好的应用，迪亚兹·塞拉诺（Diaz-Serrano，2005）就构建了混合和随机效应 Probit 模型，并采用德国和西班牙的数据进行实证检验，研究发现，当面临的收入不确定性较高时，家庭将更加倾向于租赁住房；而当面临的收入不确定性较低时，家庭则更加偏好购买住宅而非租赁住房。本章同样将以式（4.5）为模型，在 30 个城市公众住房状况调查数据的基础上，运用 Eviews 软件并采用二元离散选择模型进行实证分析，考察住宅享有的基本公共服务对居民家庭住宅权属选择的影响。

4.5.3　实证分析与讨论

1. 基本公共服务与家庭住宅权属选择的初步分析

本研究采用 Eviews 中的 Binary Chioce 回归方法进行分析。假定随机误差项服从不同的分布，如正态分布、逻辑分布、极值分布，对应得到 Probit、Logit 和 Extreme value 三种估计自变量系数方法。在考察基本公共服务对家庭住宅权属选择时，研究将方程分为两个模型，模型 Ⅰ 是考察交通、教育、医疗等基本公共服务各分项对家庭住宅权属选择的影响，模型 Ⅱ 是考察基本公共服务各分项的加总得分对家庭住宅权属选择的影响。各模型回归结果如表 4-9 所示。

表4-9 基本公共服务与家庭住宅权属选择回归结果

变量	被解释变量：住宅权属选择（Ownership）					
	模型 I			模型 II		
	Probit	Logit	Extreme value	Probit	Logit	Extreme value
comm	-0.007 (0.019)	-0.011 (0.032)	-0.007 (0.025)			
hos	0.035 * (0.019)	0.055 * (0.032)	0.038 (0.025)			
edu	0.056 *** (0.014)	0.092 *** (0.023)	0.073 *** (0.019)			
env	0.090 *** (0.028)	0.147 *** (0.045)	0.119 *** (0.035)			
PS				0.038 *** (0.006)	0.062 *** (0.009)	0.048 *** (0.007)
renkou	0.004 (0.014)	0.005 (0.024)	0.010 (0.019)	0.003 (0.014)	0.004 (0.024)	0.008 (0.019)
job1	0.239 * (0.135)	0.391 * (0.230)	0.420 ** (0.180)	0.239 * (0.135)	0.392 * (0.229)	0.436 *** (0.179)
job2	0.050 (0.134)	0.079 (0.227)	0.168 (0.175)	0.057 (0.134)	0.091 (0.226)	0.193 (0.173)
job3	-0.180 (0.136)	-0.292 (0.230)	-0.096 (0.177)	-0.179 (0.136)	-0.290 (0.230)	-0.077 (0.175)
job4	0.358 ** (0.176)	0.627 ** (0.304)	0.664 *** (0.251)	0.363 ** (0.176)	0.635 ** (0.303)	0.683 *** (0.250)
income	-0.002 (0.006)	-0.003 (0.010)	0.000 (0.009)	-0.002 (0.006)	-0.003 (0.010)	0.000 (0.009)
age1	-0.555 *** (0.153)	-0.898 *** (0.258)	-0.449 ** (0.202)	-0.607 *** (0.151)	-0.991 *** (0.255)	-0.533 *** (0.198)
age2	0.024 (0.158)	0.044 (0.266)	0.279 (0.211)	-0.019 (0.156)	-0.035 (0.263)	0.205 (0.208)
age3	0.085 (0.158)	0.139 (0.266)	0.348 * (0.212)	0.043 (0.156)	0.062 (0.263)	0.277 (0.209)
age4	0.064 (0.159)	0.103 (0.268)	0.320 (0.213)	0.027 (0.157)	0.037 (0.266)	0.257 (0.211)

续表

变量	被解释变量：住宅权属选择（Ownership）					
	模型 I			模型 II		
	Probit	Logit	Extreme value	Probit	Logit	Extreme value
age5	0.086 (0.177)	0.147 (0.299)	0.368 (0.241)	0.051 (0.175)	0.079 (0.297)	0.302 (0.238)
age6	-0.152 (0.202)	-0.270 (0.342)	0.004 (0.279)	-0.206 (0.200)	-0.365 (0.340)	-0.077 (0.276)
Log likelihood	-2 408.51	-2 409.5	-2 412.98	-2 413.44	-2 414.34	-2 418.14
observations	4 050	4 050	4 050	4 050	4 050	4 050

注：（1）***、**、*分别表示在 1%、5% 和 10% 的水平上显著；（2）"（）"中数据表示对应解释变量前系数的标准差。

模型 I 的结果表明，四类基本公共服务中，教育和生态环境两类基本公共服务无论在何种随机误差项服从分布下，均对家庭住宅权属选择产生正向影响，医疗公共服务则在正态分布、逻辑分布两种分布状态下对家庭住宅权属选择产生正向影响，交通设施的影响均不显著。可认为，基本公共服务越好的住宅，家庭更容易做出购买决策。其他变量中，受访者职业的影响同样显著，越是在行政事业单位工作的人，越倾向于购买住房。

模型 II 的结果进一步证实了基本公共服务对家庭住宅权属选择存在正向影响，回归结果表明基本公共服务无论在何种随机误差项分布下，均对家庭住宅权属选择产生正向影响，且均通过 1% 的显著性水平检验。具体来讲，在 Probit 分布下，家庭对住宅周边基本公共服务服务的评价每高出 1%，家庭购买住房的可能性将提高 0.038%；在 Logit 分布下，家庭对住宅周边基本公共服务服务的评价每高出 1%，家庭购买住房的可能性将提高 0.062%；在 Extreme value 分布下，家庭对住宅周边基本公共服务服务的评价每高出 1%，家庭购买住房的可能性将提高 0.048%。

2. 进一步讨论：考虑户口因素的影响

考虑到中国存在的特殊的户籍制度，户口歧视的存在使得人们在享受与户口相挂钩的基本公共服务时存在不公平，为了享受这些公共服务，家庭不得不通过购买住宅获得户口从而享受这些基本公共服务。这就是本章第 4.3 节中讨论过的基本公共服务的引致需求效应，本部分则利用 30 个城市的调研数据考察户口对基本公共服务与家庭住宅权属选择的影响，回归结果如表 4 - 10 所示。

表 4-10　　　户口对基本公共服务与家庭住宅权属选择的影响回归结果

| 变量 | 被解释变量：住宅权属选择 | | | | | |
| | 模型 Ⅰ | | | 模型 Ⅱ | | |
	Probit	Logit	Extreme value	Probit	Logit	Extreme value
hukou	0.035 (0.138)	0.049 (0.233)	0.020 (0.188)	-0.010 (0.129)	-0.044 (0.2170)	-0.073 (0.175)
*hukou * comm*	-0.014 (0.029)	-0.025 (0.049)	-0.023 (0.041)			
*hukou * hos*	0.038 (0.028)	0.060 (0.049)	0.039 (0.042)			
*hukou * edu*	0.065 *** (0.020)	0.115 *** (0.035)	0.104 *** (0.031)			
*hukou * env*	0.126 *** (0.040)	0.208 *** (0.068)	0.174 *** (0.058)			
*hukou * PS*				0.044 *** (0.008)	0.074 *** (0.014)	0.061 *** (0.012)
renkou	0.025 * (0.015)	0.041 * (0.024)	0.036 * (0.019)	0.024 * (0.015)	0.040 * (0.024)	0.035 * (0.019)
*job*1	0.199 (0.134)	0.317 (0.224)	0.321 * (0.173)	0.206 (0.134)	0.334 (0.224)	0.340 ** (0.172)
*job*2	0.052 (0.133)	0.066 (0.221)	0.117 (0.167)	0.066 (0.132)	0.094 (0.221)	0.145 (0.166)
*job*3	-0.110 (0.135)	-0.196 (0.225)	-0.054 (0.170)	-0.102 (0.135)	-0.177 (0.225)	-0.032 (0.168)
*job*4	0.305 * (0.176)	0.531 * (0.300)	0.525 ** (0.243)	0.314 * (0.176)	0.544 * (0.300)	0.537 ** (0.243)
income	0.010 * (0.006)	0.015 (0.010)	0.012 (0.009)	0.010 * (0.006)	0.016 (0.010)	0.013 (0.009)
*age*1	-0.431 * (0.142)	-0.687 *** (0.236)	-0.221 (0.178)	-0.442 *** (0.141)	-0.710 *** (0.236)	-0.243 (0.177)
*age*2	0.044 (0.148)	0.083 (0.246)	0.342 * (0.189)	0.040 (0.148)	0.069 (0.247)	0.325 * (0.188)
*age*3	0.112 (0.149)	0.204 (0.248)	0.450 ** (0.191)	0.103 (0.148)	0.184 (0.248)	0.431 ** (0.191)

续表

变量	被解释变量：住宅权属选择					
	模型Ⅰ			模型Ⅱ		
	Probit	Logit	Extreme value	Probit	Logit	Extreme value
age4	0.087 (0.150)	0.161 (0.250)	0.419 ** (0.193)	0.084 (0.150)	0.153 (0.251)	0.410 ** (0.192)
age5	0.054 (0.169)	0.129 (0.285)	0.414 * (0.225)	0.055 (0.169)	0.121 (0.285)	0.401 * (0.224)
age6	−0.194 (0.194)	−0.315 (0.328)	0.059 (0.260)	−0.206 (0.194)	−0.335 (0.329)	0.042 (0.260)
Log likelihood	−2 315.72	−2 316.82	−2 323.44	−2 320.14	−2 321.33	−2 328.35
observations	4 050	4 050	4 050	4 050	4 050	4 050

注：（1）***、**、*分别表示在1%、5%和10%的水平上显著；（2）括号中数据表示对应解释变量前系数的标准差。

模型Ⅰ的回归结果表明，户口本身并不会对家庭的住宅权属选择产生影响，但是可以通过基本公共服务而对家庭的住宅权属选择产生影响，尤其是通过教育和生态环境公共服务而对家庭的住宅权属选择产生影响。通过构建户口与基本公共服务的交互项进行回归，发现无论在何种随机误差项服分布下，$hukou * edu$ 与 $hukou * env$ 两个变量均是显著的，且通过1%的显著性水平检验。

模型Ⅱ的结果进一步验证了户口在基本公共服务对家庭住宅权属选择上存在的影响，回归结果表明户口与基本公共服务的交互项无论在何种随机误差项分布下，均对家庭住宅权属选择产生正向影响，且均通过1%的显著性水平检验。具体来看，在Probit分布下，户口与基本公共服务的交互项每高出1%，家庭购买住房的可能性将提高0.044%；在Logit分布下，户口与基本公共服务的交互项每高出1%，家庭购买住房的可能性将提高0.074%；在Extreme value分布下，户口与基本公共服务的交互项每高出1%，家庭购买住房的可能性将提高0.061%。

4.6

本章小结

本章首先回顾了有统计数据以来，以新建商品住房销售面积和新建商品住房销售额为代表的中国房地产需求变动情况；接着通过文献综述，总结了促进房地产需求变动的主要因素，即人口、收入与金融支持；其次，本章对基本公共服务促进居民住房消费的理论机制进行了分析，并提出了相应的命题；最后，结合理论分析得出的命题，以新建住房销售面积为被解释变量，以政府财政支出作为解释变量，同时考虑房价水平、人均可支配收入水平等因素，考察了基本公共服务对住房需求的溢出效应。对 30 个城市面板数据的实证研究表明：从全国层面来讲，无论是混合估计模型、固定效应模型还是随机效应模型，基本公共服务对房地产需求均存在显著的溢出效应；从区域层面来讲，在东部地区和西部地区，基本公共服务同样对房地产需求存在显著的溢出效应，中部地区基本公共服务对房地产需求的溢出效应则并不显著。因此，总体来看，基本公共服务对房地产需求存在的溢出效应是比较稳定的。

如果基本公共服务对居民的房地产需求存在溢出效应，那么一个简单的推论即是基本公共服务的提高有助于住宅所有权的提高。基于教育部哲学社会科学研究重大课题攻关项目"我国城市住房制度改革研究"课题组对 30 个城市 6 000 余份调研数据的进一步研究则发现，基本公共服务服务确实会对家庭的住宅权属选择会产生正向影响，家庭对住宅周边基本公共服务服务的评价每高出 1%，家庭购买住房的可能性将提高 0.04% 左右。研究还发现，由于特殊户籍制度的存在，户口同样会影响基本公共服务对家庭住宅权属的选择，户口与基本公共服务的交互项每高出 1%，家庭购买住房的可能性将提高 0.04% 以上。

第 5 章

基本公共服务的价格溢出效应 I：
土地供给弹性的影响

引 言

从第 3 章和第 4 章的实证研究结果来看，基本公共服务对房地产的供给与房地产的需求均存在显著的溢出效应，那么在此情况下，基本公共服务水平的变动将导致房价呈现什么样的变动情况还需要进一步考察。从本章到第 7 章即考察基本公共服务对房价是否存在溢出效应，并且进一步探寻基本公共服务对房价的溢出效应会受到哪些因素的影响。

随着社会的不断发展，人们对其所居住社区公共服务水平的要求越来越高，前段时间南京某小区就出现小区居民集体要求政府增加公交路线的情况。我国房地产市场的不断发展，人均居住水平的不断提高，使得人们对住房的消费将逐渐从重数量转向重质量。长期来看，居民对住宅的区位需求向多元化的方向发展。由本书第 3 章和第 4 章的研究结果可知，基本公共服务对房地产的供给与需求都会产生一定的溢出效应，但这并不足以判断基本公共服务对房地产价值和价格存在溢出效应，因此，还需要进一步的实证分析以考察基本公共服务是否对房地产价值或者价格存在溢出效应。

在中国，不断推进区域之间基本公共服务的均等化已经成为一项重要的改善民生的措施而深入人心。党的十六届六中全会通过《中共中央关于构建社会主义和谐社会若干重大问题的决定》，提出逐步实现基本公共服务均等化的要求，党的十七大报告则把"围绕推进基本公共服务均等化和主体功能区建设，完善公共财政体系"确定为深化我国财政体制改革的一个基本方针。根据财政部网站的数据，2011 年国家公共财政收入 103 740 亿元，增长 24.8%，在公共财政收入大幅增长的同时，财政加大了对"三农"、教育、医疗卫生、社会保障和就业、保障性安居工程、文化等的支持力度。2011 年全国财政支出 108 930 亿元，增长 21.2%，其中教育支出 16 116 亿元，增长 28.4%；医疗卫生支出 6 367 亿元，增长 32.5%，社会保障和就业支出 11 144 亿元，增长 22%。2012 年全国财政支出 125 712 亿元，增长 15.1%。其中，教育支出 21 165 亿元，增长 28.3%；社会保障和就业支出 12 542 亿元，增长 12.9%；医疗卫生支出 7 199 亿元，增长 12.0%；文化体育与传媒支出 2 251 亿元，增长 18.9%，财政支出已越来越多地向民生领域倾斜。

一方面，居民对于住宅及其配套公共服务需求逐渐提升；另一方面，政府财政支出越来越多地向民生领域倾斜，政府对公共服务尤其是基本公共服务的投入究竟对房价产生什么样的影响，这种影响是否会受某些因素所限制？本章将带着这一疑问，采用南京市微观调查数据，探寻公共服务水平对住房价格的影响，并进一步分析住宅区不同土地供给弹性的情况下，公共服务对房价的影响。本章余下部分内容安排为：第 5.2 节对公共服务与房价关系的相关文献进行回顾；第 5.3 节对南京、上海及杭州三市的公共服务水平进行对比分析；第 5.4 节构建计量模型并运用南京市江南八区的微观调查数据对公共服务与住宅价格的关系进行实证分析；第 5.5 节则进一步分析城市核心区域和次核心区域以及边缘地区土地供给弹性不同的情况下，公共服务对住宅价格影响的差异；第 5.6 节是总结部分并提出研究结论和政策意义。

5.2
相关文献回顾

政府的公共服务供给对居民行为的影响一直为经济学家所关注，在较早的文献中，美国经济学家蒂布特（Tiebout，1956）认为居民将衡量各城市的公共服务水平来选择自己居住的城市，蒂布特的研究也被后人形象地称为"用脚投票"理论。由此可以很容易地得出一个推论：那些公共服务较好的城市因为吸引大量的劳动力流入，必将刺激当地住宅需求的上升，推动住宅市场的繁荣，助推住宅价格的上涨。事实上，确实有很多学者对此进行了实证检验，但是研究所得到的结论却并不统一，从这些研究结论来看，主要包括三种：一种认为政府公共服务支出对房价有正向影响，一种认为政府公共服务支出对房价有负向影响，还有一种认为政府公共服务支出对房价的影响并不确定。

一些研究证实了政府的公共服务支出对房价有正向影响，即所谓的"财政资本化"或者"公共服务资本化"。奥茨（Oates，1969）利用纽约 53 个社区的截面数据对蒂布特模型进行了验证，实证结果表明公共服务对房价有显著的正向效用。罗森塔尔（Rosenthal，1999）利用"用脚投票"理论研究英国地区公共支出水平与房价的关系，同样得出了公共支出与房价正相关的结论。随着计量方法的不断改进，学者们得以用更为先进的方法验证公共服务对房价的资本化问题。拉尔和伦德伯格（Lall and Lundberg，2008）就通过非参数模型研究了公共服务资本化对房屋价格的影响，实证结果表明公共服务的提高确实会促进房价的增加。此外，某一类型的公共服务同样会资本化进房屋的价格之中，拜尔等人（Bayer et al.，2003）以及基奥多等（Chiodo et al.，2003）的研究均发现公共教育资本的提高有助于促进房价的提高。

相反的结论同样存在，海曼和帕索尔（Hyman and Pasour，1973）的研究发现地方公共支出对房地产价值没有明确的影响，麦克米伦和卡尔森（McMillan and Carlson，1977）以小城市为研究对象，同样认为在小城市中地方政府的公共支出并没有资本化到居民的房产价值中。在学者们看来，由于所选指标的不同，或者所采用计量方法的不同，公共服务对房价的影响变得很不稳定。埃德尔和斯克拉（Edel and Sclar，1974）就指出，因为公共服务的内涵非常丰富，如果在计量分析时仅仅单独考虑某一种公共服务其对房价的影响，则很有可能由于各类公共服务之间的关联关系而使模型本身和计量结果变得异常复杂。保利（Pauly，2004）以及哈密尔顿（Hamilton，2005）则认为如果蒂布特机制能够得到充分发挥（虽然现实并非如此），那么公共服务支出的资本化现象将很难发生。

还有一些研究则认为公共服务对房价的正向作用是有条件的。哈密尔顿（Hamilton，1975、1976）指出，如果只有公共支出一种变量资本化到住房价格中，那么这种资本化在长期必然因为大量新房屋的建造而趋于消失。迪克尔等人（Dueker et al.，1998）则考察了城市交通条件对住房价格的影响，研究认为交通对住宅价格的影响存在两个相反的效应，交通可达性的正效应提高房价，交通噪音的负效应则会降低房价，因此，交通条件对房价的影响最终取决于二者的相互作用。

随着研究的深入，学者们开始更多地关注决定公共服务资本化的条件。施塔德尔曼和毕隆（Stadelmann and Billon，2010）的研究认为公共服务对房价的资本化取决于住房的供给弹性，当供给弹性很小时，资本化现象存在，当供给弹性很大时，资本化现象则不存在，因此住宅区土地的稀缺程度决定了公共服务是否资本化进房价之中。希尔贝尔（Hilber，2011）的研究同样认为在土地管制严厉或者因自然地理条件的限制使土地供给受约束时房价的资本化现象更明显，并且房价的资本化还会进一步诱发耐久性公共物品的提供。卡尔森等人（Carlsen et al.，2006）的研究则发现了一个更有意思的现象，即政府对公共医疗、文化设施以及公共交通等公共服务的投入对当地的房价并没有影响，只有当社区居民对社区附近公共服务的满意度高的时候，房价才会提高。这也就表明了政府应该提高公共服务投入决策行为的透明度，增加居民的参与程度，提供居民真正需要的公共服务。

从国内的研究来看，目前国内学者对公共服务资本化问题的研究大多使用宏观数据，使用微观数据的实证研究较少。许光建等（2010）基于全国35个大中城市的数据并通过回归分析发现除了地价、居民收入、信贷规模等经济基本面因素以外，城市基础设施、教育条件和医疗卫生等公共服务的投入也在一定程度上影响着当地房价的变动。叶剑平和王娟（2010）认为如果一个地区教育设施齐全、医疗卫生先进、交通条件便利自然会吸引众多消费者来这里购房或者租房，从而带动该地区房价的提升。研究还进一步指出公共服务的均等化有可能实现房价的均衡。周京奎（2008）利用天津市的微观调查数据并建立特征价格模型，分析了公共资本品规模对住宅价格的影响效应，发现地铁对住宅价格有显著影响，公共汽车线路对住宅价格的影响不显著，而人文公共资本品和生态公共资本品对住宅价格影响较小。冯皓和陆铭（2010）基于上海市52个区域房价与学校分布的月度面板数据以及名为"实验性示范性高中"的自然实验，发现区域间在基础教育资源数量和质量上的差异部分体现在房价上，从而认为确实存在教育对房价的"资本化"现象。

本书则基于南京市近万份的微观调查数据，分析城市公共服务水平对住宅价格的影响。但与以上研究稍有不同的地方在于：（1）在分析基本公共服务资本化现象时，控制了住宅所处地段的地价，以便更精确地衡量住宅附近的公共服务水平对其的溢价；（2）分析在住宅区土地供给弹性不同的情况下，基本公共服务对房价资本化的差异。

5.3
理论模型

本模型假定居民面对的商品向量 X 包含三类：一般消费品 x、住房 h 和公共服务 PS，即 $X = X(x, h, PS)$，居民通过购买住房解决居住问题，并在自己的预算约束下选择不同的商品组合来获得最大效用。居民的效用函数为：

$$U = x_{ij}{}^{\alpha} h_{ij}{}^{\beta} PS_i{}^{\gamma} \tag{5.1}$$

其中，α、β、γ 分别为一般商品、住房与公共服务对消费者效用的贡献。

考虑一个拥有 I 个辖区 N 个消费者的模型，辖区 i（$i \in [1, I]$）代表性消费者 j（$j \in [1, n]$，且 $\sum_{i}^{I} n_i = N$）的年均可支配收入为 y_{ij}，用于一般商品、住房和公共服务的消费。此外，本模型还做出如下假定：（1）一般商品 x 是计价品，其价格标准化为 1；（2）住房的供给弹性大于需求弹性①；（3）不考虑住房的维修与折旧；（4）居民在城市各辖区之间可以自由流动，不考虑税收情况。

因此，i 地区代表性消费者 j 的效用最大化问题为：

$$\begin{aligned} \max_{h_{ij}} U &= x_{ij}{}^{\alpha} h_{ij}{}^{\beta} PS_i{}^{\gamma} \\ \text{s. t. } y_{ij} &= x_{ij} + P_{h_{ij}} h_{ij} \end{aligned} \tag{5.2}$$

式中，α、β、γ 分别为一般商品、住房与公共服务对消费者效用的贡献，$P_{h_{ij}}$ 表示房价。求解该最大化问题可得代表性消费者的间接效用函数 $v(y_{ij}, P_{h_{ij}}, PS_i)$。

由于假定居民可在城市内部各区域之间自由流动，则均衡时居民在任一区域的效用是相等的，否则的话，居民将不断迁移，直至在任意区域所获效用无差异为止。也就是说居民的自由流动使得均衡时，其在任意两个区域所获得的效用是相等的：

$$v(y_i, P_{h_i}, PS_i) = v(y_j, P_{h_j}, PS_j), i,j \in [1,I], i \neq j \tag{5.3}$$

假定地区 i 住房的总供给量为 H_i，则住房市场供求均衡时可得：

$$\sum_{i}^{I} n_i h_i = \sum_{i}^{I} H_i \tag{5.4}$$

由式（5.4）可得：

$$\sum_{i}^{I} \frac{H_i}{h_i} = N \tag{5.5}$$

均衡的房价水平由式（5.3）、式（5.5）共同决定，即 $P_h = P_h(y, t, PS)$。为了分析公共服务对于房价的影响，将式（5.3）、式（5.5）分别对 PS_i 求导，可得：

---

① 一般来讲，在长期，相对于住房的需求价格弹性，住房的供给价格弹性更大。这一假设也得到了邹至庄和牛霖琳（2010）《中国城镇居民住房的需求与供给》实证研究的支持。

$$\frac{\partial v}{\partial P_{h_i}}\frac{\partial P_{h_i}}{\partial PS_i} + \frac{\partial v}{\partial PS_i} = \frac{\partial v}{\partial P_{h_j}}\frac{\partial P_{h_j}}{\partial PS_i} \tag{5.6}$$

$$\frac{1}{h_i^{\,2}}\left(\frac{\partial H_i}{\partial P_{h_i}}\frac{\partial P_{h_i}}{\partial PS_i}\cdot h_i - \frac{\partial h_i}{\partial P_{h_i}}\frac{\partial P_{h_i}}{\partial PS_i}\cdot H_i\right)$$

$$+ \sum_{j\neq i}\left[\frac{1}{h_j^{\,2}}\left(\frac{\partial H_j}{\partial P_{h_j}}\frac{\partial P_{h_j}}{\partial PS_i}\cdot h_j - \frac{\partial h_j}{\partial P_{h_j}}\frac{\partial P_{h_j}}{\partial PS_i}\cdot H_j\right)\right] = 0 \tag{5.7}$$

联立式（5.6）、式（5.7），分别定义 $\eta_i = \frac{\partial H_i}{\partial P_{h_i}}\frac{P_{h_i}}{H_i}$ 和 $\varepsilon_i = \frac{\partial h_i}{\partial P_{h_i}}\frac{P_{h_i}}{h_i}$ 为住房的

供给弹性和需求弹性，$MRS_i = \dfrac{\dfrac{\partial v}{\partial PS_i}}{\dfrac{\partial v}{\partial y_i}}$ 为公共服务与收入之间的边际替代率。运

用罗伊恒等式，可得：

$$\frac{\partial P_{h_i}}{\partial PS_i} = \frac{MRS_i}{\dfrac{\dfrac{n_i}{P_{h_i}}(\eta_i - \varepsilon_i)h_j}{\displaystyle\sum_{j\neq i}\frac{n_j}{P_{h_j}}(\eta_j - \varepsilon_j)h_i + 1}} \tag{5.8}$$

由效用函数可知式（5.8）的分子 $MRS_i > 0$，由住房供给弹性大于需求弹性的假设可知 $\eta_i > \varepsilon_i$，可得式（5.8）的分母亦为正，可知 $\frac{\partial P_{h_i}}{\partial PS_i} > 0$。由此可得到命题 5 - 1：

命题 5 - 1：当公共服务带来正效用并且住房的供给弹性大于需求弹性时，公共服务水平提高会助推房价上涨。

由于基本公共服务可以带来正效用，居民将增加对享有更好的基本公共服务的住宅需求，这其实也就反映了居民对住房的需求除了包含对住宅空间的需求，还包括对住宅区位质量的需求。扎贝尔（Zabel，2004）就认为住宅是一种由结构特征和邻里特征组成的复合商品，结构特征代表的是居民住房的基本需求，邻里特征代表的是居民住房的改善型需求。因此，在住宅供给保持一定的情况下，基本公共服务水平的提高将促进房价的上涨，即基本公共服务对房价存在溢出效应。

在基本公共服务促进房价上涨的背景下，由于有利可图，因此，开发商必将会加大对该区域的开发投资力度也即住房供给力度。那么住房供给增加会对公共服务的资本化有何影响呢？为了分析住宅供给增加的影响，将式（5.8）

对住宅供给弹性 η_i 求导，一般来讲，住宅的供给弹性是与土地的供给弹性相联系的，可供开发的土地越多，住宅的供给弹性越大，式（5.8）求导可得：

$$\frac{\partial^2 P_{h_i}}{\partial PS_i \partial \eta_i} = - \frac{\left(\sum_{j \neq i} \frac{n_j}{P_{h_j}} (\eta_j - \varepsilon_j) h_i \right) MRS_i \left(\frac{n_i}{P_{h_j}} h_j \right)}{\left[\frac{n_i}{P_{h_i}} (\eta_i - \varepsilon_i) h_j + \sum_{j \neq i} \frac{n_j}{P_{h_j}} (\eta_j - \varepsilon_j) h_i \right]^2} < 0 \quad (5.9)$$

由式（5.9）可得到如下命题：

命题 5 - 2：随着土地供给弹性的提高，也即住房供给弹性的提高，基本公共服务对房价的溢出效应将下降。

土地供给弹性的提高，就意味着更多的土地储备，同样也就还有更多的可用于住宅的土地储备，也就意味着住房的供给可以增加。因此，随着城市住宅价格的不断上涨，剩余的可用于住宅的土地供给将增加，更多的住宅用地的投入，带来更多的住宅施工面积和新开工面积，从而使得住宅供给量相应地增加。此时，在住宅需求保持一定时，住宅价格将有所下降。这也就意味着土地供给弹性也即住房供给弹性的上升，会使基本公共服务对房价的溢出效应有所减弱，也可以认为是基本公共服务的"资本化"程度有所减弱。

5.4

宁、沪、杭三市基本公共服务水平对比分析

长江三角洲地区是中国经济发展水平最为发达的地区之一，优越的公共服务水平成为长三角地区综合竞争力的重要体现，吸引了大量的劳动力尤其是高层次劳动力的流入，这些高层次劳动力的流入又进一步提高了地区的生产力水平，同时也对各地的房地产市场有重要的影响。上海（沪）、南京（宁）以及杭州（杭）则是长三角地区发展的佼佼者，本章分别选取交通条件、教育条件、医疗条件及生态环境四个方面指标，衡量宁、沪、杭三市公共服务水平（见表 5 - 1）。

表 5 - 1　　　　宁、沪、杭三市基本公共服务评价指标体系

一级指标	二级指标	度量单位
交通条件	人均铺装道路面积	平方米/人
	每万人拥有公共交通车辆	台/万人

一级指标	二级指标	度量单位
教育条件	小学师生比	%
	中学师生比	%
医疗条件	每万人拥有医生数	个/万人
	每万人拥有病床数	张/万人
生态环境	人均公共绿地面积	平方米/人

5.4.1 交通条件

本模型选取人均铺装道路面积、每万人拥有公共交通车辆两个指标衡量宁沪杭三市的交通条件，所有数据来自于三个城市的统计年鉴，结果见图5-1。

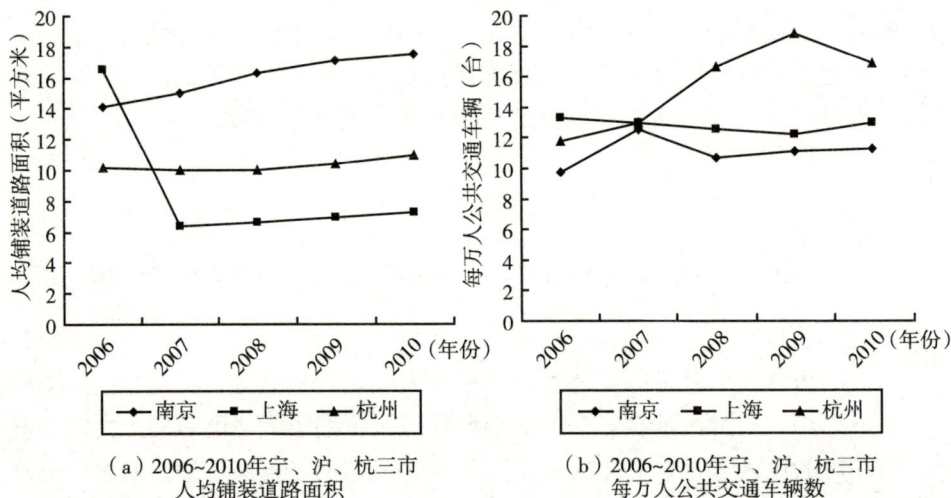

(a) 2006~2010年宁、沪、杭三市
人均铺装道路面积

(b) 2006~2010年宁、沪、杭三市
每万人公共交通车辆数

图5-1 2006～2010年宁、沪、杭三个城市交通条件变化趋势

图5-1（a）是三个城市人均铺装道路面积的变化情况，从2006年至2010年南京市人均铺装道路面积稳步增长，2010年南京市人均铺装道路面积为17.46平方米，高于杭州市的10.93平方米，上海市的7.24平方米。在考察期的大多数年份里，南京市这一指标都高于上海市与杭州市，并且增速也高于另外两个城市。

图5-1（b）是三个城市每万人拥有公共交通车辆的变化情况，三个城市中，杭州市每万人拥有公共交通车辆经历了快速的增加，尤其是2007年以来

杭州市公共交通服务有非常明显的改善。2010 年杭州市每万人拥有公共交通车辆达到 16.89 台，高于上海市的 12.99 台，南京市的 11.27 台。在考察期的大多数年份里，南京市每万人拥有公共交通车辆这一指标都落后于杭州市与上海市。整体来看，杭州市公共交通服务水平显著高于上海市和南京市，三个城市中，南京市此指标最低。

5.4.2 教育条件

本章选取小学师生比、中学师生比两个指标衡量宁沪杭三市的教育条件，结果见图 5-2。由于这两个指标反映的是每位教师教授的小学生与中学生数量，因此该数值越低表明教育条件越好。由图 5-2 可知，无论是小学师生比还是中学师生比，自 2006 年以来宁、沪、杭三市中小学教育条件都有不同程度的改善。

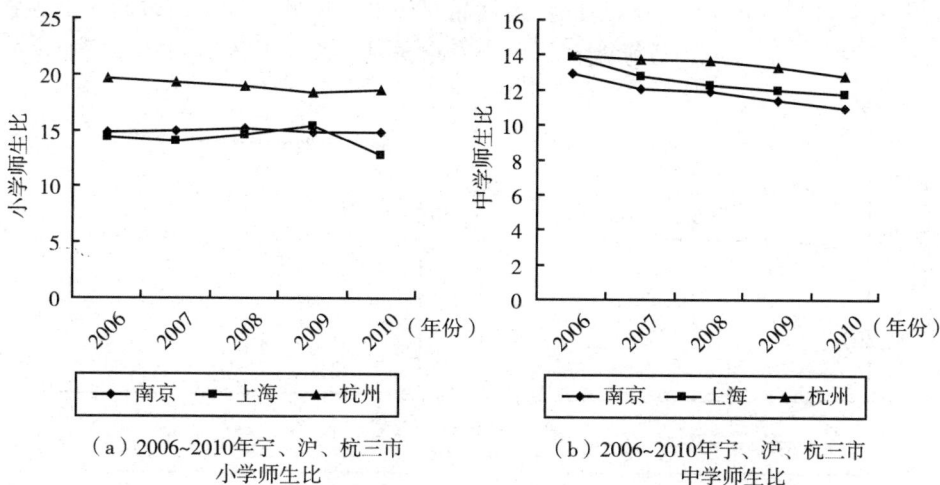

（a）2006~2010年宁、沪、杭三市小学师生比　　（b）2006~2010年宁、沪、杭三市中学师生比

图 5-2　2006~2010 年宁、沪、杭三个城市教育条件变化趋势

南京市小学师生比在考察期内比较稳定，大多数年份里上海市小学师生比与南京相当，但是 2009 年以后上海市小学教育条件有较大改善，2010 年上海市小学师生比为 12.79，高于南京市的 14.87。在中学教育条件方面，南京市则要好于上海市，2010 年南京市中学师生比为 10.94，高于上海的 11.78。对比来看，上海市的小学教育条件相对较好，南京市的中学教育条件则较好，杭州市在这两个指标上都高于上海与南京两个城市，表明其教育条件要稍微落后于上海与南京两个城市，其教育条件亟待改善。

5.4.3 医疗条件

本模型选取每万人拥有医生数、每万人拥有医疗床位数两个指标衡量宁沪杭三市的医疗条件，结果见图 5-3。从图 5-3 可以看出，南京市每万人拥有医生数缓慢增长，自 2006 年的 27.15 人上升至 2010 年的 29.09 人。相对应的是，杭州这一指标显著上升，自 2006 年的 35.47 人上升至 2010 年的 44.65 人，升幅达 25%。杭州市每万人拥有医生数显著高于南京市和上海市，虽然上海市该指标呈现一定的下降趋势，但整体水平仍高于南京市。从每万人拥有医疗床位数这一指标来看，宁沪杭三市该指标都呈现上升趋势，其中，上海最高，杭州次之，南京显著低于其他两个城市，约为上海的 50%、杭州的 60% 左右。

总体来看，南京市每万人拥有医生数与每万人拥有医疗床位数两个指标均低于上海市与杭州市，显示其医疗条件相对较低。因此，南京市政府应加大在医疗卫生方面的投入，逐渐改善居民的医疗条件。

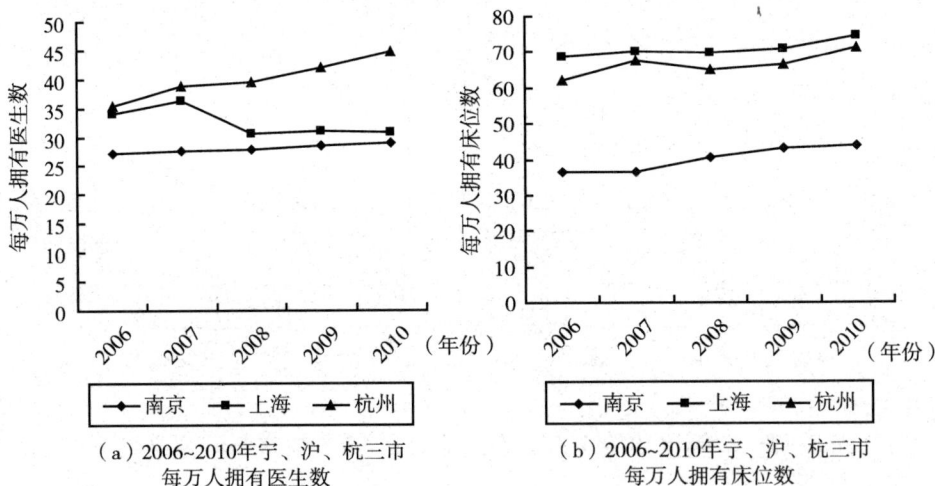

（a）2006~2010年宁、沪、杭三市
每万人拥有医生数

（b）2006~2010年宁、沪、杭三市
每万人拥有床位数

图 5-3　2006~2010 年宁、沪、杭三个城市医疗条件变化趋势

5.4.4 生态环境

本模型用人均公共绿地面积这一指标来衡量宁沪杭三市的生态环境，结果见图 5-4。从图 5-4 可以看出，南京市的人均公共绿地面积显著高于上海市和杭州市，且考察期内该数值保持稳定。2010 年南京市人均公共绿地面积

141 平方米，高于同时期的上海和杭州两市；上海市的人均公共绿地面积自 2008 年以来有较大增长，2010 年达到 89 平方米，较 2008 年增长近 4 倍；杭州市人均公共绿地面积的变化相对比较缓慢，且水平在三个城市中最低，2010 年杭州市人均公共绿地面积仅为 35 平方米。总体来看，南京市以人均公共绿地面积衡量的生态优势明显，上海市和杭州市则要增加对生态环境的投入，改善城市绿化条件，增强城市公共服务水平。

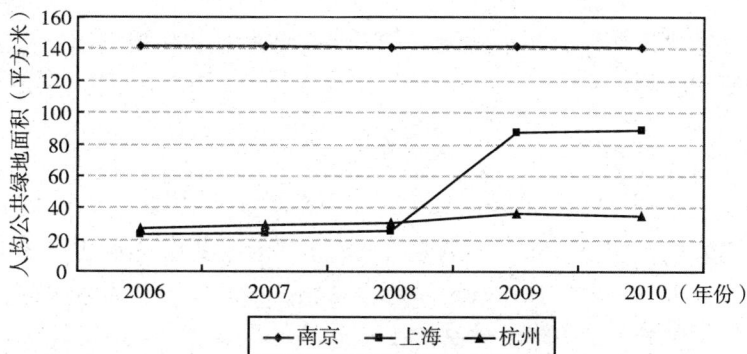

图 5 - 4 2006~2010 年宁、沪、杭三市生态环境变化趋势

通过对宁、沪、杭三个城市基本公共服务水平的对比分析可以看出，在本文选取的七个衡量城市基本公共服务的二级指标中，南京市有三项指标位居首位（人均铺装道路面积、中学师生比以及人均公共绿地面积），显示出了一定的竞争力，但是在其他一些指标上，尤其是医疗条件上，南京市与上海市、杭州市还有一定的差距。

实际上南京市政府已经意识到未来发展将要面临的挑战——地区和城市间对高端要素和产业资源的争夺日益激烈，城市综合实力不强，而提升城市的基本公共服务水平以进一步增强城市的综合实力成为应有之意。因此《南京市国民经济和社会发展第十二个五年规划纲要》指出，到 2015 年，南京市城乡公共服务支出占财政支出比重将由 2010 年的 65% 增加到 68%，政府下决心提升城市公共服务水平、改善居民居住环境由此可见。此外，2013 年亚洲青年运动会和 2014 年青年奥林匹克运动会的举办，将提升南京城市建设品质，是改善人居环境、加快城市国际化进程非常难得的机遇，也给南京市提升城市公共服务水平提出了迫切要求。可以预见，随着南京市用于公共服务的支出将逐步增加，公共服务水平提高、城市综合实力提升将得以实现。

5.5

基本公共服务水平与住宅价格的实证分析

5.5.1 计量模型设定

借鉴特征价格模型，本节拟建立如下半对数特征价格模型以分析公共服务对房价的影响：

$$\ln P_h = C + \sum \alpha_i X_i + \sum \beta_j \ln PS_j + \varepsilon \qquad (5.10)$$

其中，P_h 为住宅销售的挂牌单价，C 为常数项；X_i 表示住房的物理特征，包括户型、朝向、装修、楼层、房龄等；PS_j 表示公共服务水平，本书主要考虑交通公共服务、生态环境、医疗公共服务以及教育公共服务四类；α_i、β_j 为各变量的回归系数；ε 为随机扰动项。

5.5.2 变量说明与描述统计

为了分析公共服务对房价的影响，本书收集了南京市玄武区、鼓楼区、白下区、秦淮区、建邺区、下关区、栖霞区与雨花台区共八个区的微观数据，挂牌出售的住宅共计 5 041 套，分别来自 166 个小区（如图 5 – 5 所示）。住宅物

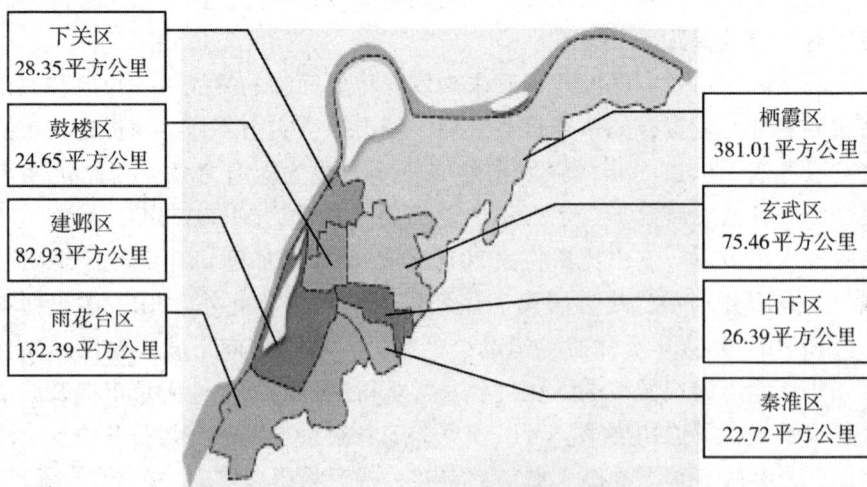

下关区
28.35平方公里

鼓楼区
24.65平方公里

建邺区
82.93平方公里

雨花台区
132.39平方公里

栖霞区
381.01平方公里

玄武区
75.46平方公里

白下区
26.39平方公里

秦淮区
22.72平方公里

图 5 – 5　南京市江南八区行政区划与土地面积

理特征指标、住宅价格指标数据来源于 House 365 地产家居网站的二手住宅（即存量住宅）挂牌数据，其中住宅朝向与装修程度为离散变量，其他指标为连续变量，朝向按从北到南依次赋值 0 ~ 3，装修程度按"毛坯"、"简装"、"精装"与"豪华装"顺序依次赋值为 1 ~ 4。

本章所关注的核心解释变量——基本公共服务水平主要包括交通公共服务、生态环境、医疗与教育公共服务四类，测度的是住宅所在小区周边的公共服务情况，通过 Google 地图和对小区实地走访调查而得；考虑到小区所处地段对住房价格的影响，此处控制了小区所属的土地级别，根据南京市国土资源局网站的信息，南京市江南八区的土地共分为八个级别，级别越低基准地价越高。南京市江南八区住宅用地级别与基准地价表如表 5 - 2 所示。

表 5 - 2　　　　　南京市江南八区住宅用地级别与基准地价

土地级别	基准地价（元/平方米）	变幅（元/平方米）	设定土地开发程度	设定容积率	地块编号	分布范围
一	20 600	14 600 ~ 35 000	六通一平	2.3	1 - 1	东至太平北路 - 长江路 - 洪武北路 - 洪武路 - 户部街 - 太平南路；南至秣陵路 - 三元巷 - 程阁老巷 - 洪武路 - 白下路；西至中山路 - 华侨路 - 上海路 - 莫愁路；北至北京东路
					1 - 2	东至秦淮河；南至水西门大街；西至湖西街；北至汉中门大街
					1 - 3	东至秦淮河；南至集庆门大街；西至文体街；北至南湖东路
二	14 700	11 800 ~ 18 200	六通一平	1.9	2 - 1	东至龙蟠路 - 北京东路 - 中山路 - 长江路 - 太平北路 - 中山路 - 长白街；南至白下路 - 中山路 - 升州路 - 中山南路 - 集庆路；西至秦淮河 - 清凉门大街 - 虎踞关 - 西康路；北至宁夏路 - 江苏路 - 宁海路 - 北京西路 - 中央路 - 玄武门路 - 玄武湖南侧。该范围内除 1 - 1 地块以外的区域
					2 - 2	东至秦淮河；南至龙园南路；西至江东北路；北至定淮门大街
					2 - 3	东至泰山路；南至河西大街；西至江东中路；北至兴隆大街

续表

土地级别	基准地价（元/平方米）	变幅（元/平方米）	设定土地开发程度	设定容积率	地块编号	分布范围
三	11 800	9 500～14 300	六通一平	1.6	3－1	东至中央路－新模范马路东延线－环湖路－玄武门路－中央路；南至北京西路－宁海路－宁夏路－西康路－虎踞关－广州路；西至虎踞路－草场门大街－秦淮河；北至模范西路－新模范马路－广东路－黑龙江路以北200米
					3－2	东至龙蟠中路－瑞金路－御道街－护城河－武定门北巷；南至长乐路；西至中山南路－升州路－中华路－白下路－长白街－中山东路－太平北路；北至北京东路
					3－3	东至秦淮河－定淮门大街－江东北路－龙园南路－秦淮河－汉中门大街－湖西街；南至集庆门大街；西至江东北路－清凉门大街－扬子江大道－夹江；北至三叉河－秦淮河
四	10 400	7 500～11 700	六通一平	1.6	4－1	东至西环湖路；南至新模范马路东延线；西至中央路；北至龙蟠路
					4－2	东至城墙－中山东路－御道街；南至瑞金路；西至秦淮河－龙蟠中路；北至太平门街－龙蟠路－城墙
					4－3	东至莒蒲园大街－光华路－南院路以西200米；南至秦淮河－凤台路－应天大街－江东中路－河西大街；西至扬子江大道－新河口大街－夹江－汉中门大街西延线－扬子江大道；北至清凉门大街－江东中路－集庆门大街－湖西街－水西门大街－秦淮河－南湖东路－文体街－集庆门大街－长乐路－武定门北巷－护城河－紫金路
					4－4	东至虎踞路；南至清凉门大街；西至秦淮河；北至草场门大街
					4－5	东至护城河；南至三叉河；西至长江；北至中山北路
					4－6	东至金川河；南至新模范马路；西至虎踞北路；北至护城河
					4－7	东至绕城公路；南至马群大道；西至环陵公路；北至玄武大道

续表

土地级别	基准地价（元/平方米）	变幅（元/平方米）	设定土地开发程度	设定容积率	地块编号	分布范围
五	7 400	5 700 ~ 9 300	六通一平	1.6	5-1	东至黑墨影路-网板路-墨香路-沪宁铁路-蒋王庙街-紫金山；南至紫金山-玄武湖东岸-龙蟠路-护城河-大桥南路-虎踞北路-模范西路；西至秦淮河-城墙-护城河-中山北路-郑和中路；北至郑和北路-四平路-大桥南路-幕府西路-中央北路-和燕路-北崮山路-和燕路以西1 000米-幕府大道
					5-2	东至灵谷寺路以东300米-中山门外大街-罗汉巷以东500米；南至后标营路以南600米-小路-后标营路-小路-紫金路-护城河；西至御道街；北至中山东路-沪宁高速公路
					5-3	东至大明路；南至卡子门大街-雨花东路-应天大街；西至凤台路；北至秦淮河
					5-4	东至南河；南至兴隆大街；西至江东中路；北至应天大街
					5-5	东至南河；南至江山大街；西至夹江；北至河西大街
六	6 000	4 800 ~ 7 200	六通一平	1.5	6-1	东至中央北路；南至幕府西路-大桥南路-郑和北路-中山北路；西至长江；北至长江
					6-2	东至安怀路以东300米-安怀东路；南至和燕路；西至中央北路；北至幕府东路
					6-3	东至经五路；南至网板路；西至黑墨影路；北至栖霞大道
					6-4	东至绕城公路；南至玄武大道；西至沪宁铁路；北至沪宁铁路
					6-5	东至宁芜铁路-老绕城公路-沪宁高速公路-绕城公路；南至绕城公路-秦淮河-大校场路-明匙路；西至大明路-秦淮河-菖蒲园大街-紫金路-后标营路-中山门外大街-宁杭公路-环陵公路-马群大道-绕城公路；北至宁镇公路
					6-6	东至雨花东路-卡子门大街；南至宁南大道-阅城大道；西至泰山路-兴隆大街-南河；北至应天大街

续表

土地级别	基准地价（元/平方米）	变幅（元/平方米）	设定土地开发程度	设定容积率	地块编号	分布范围
七	4 000	2 600 ~ 5 800	五通一平	1.4	7 - 1	东至九乡河西路 – 评价区范围界线；南至老绕城公路 – 宁芜铁路 – 玄武大道 – 绕城公路 – 沪宁铁路 – 经五路 – 幕府大道 – 中央北路；西至长江；北至长江
					7 - 2	东至评价区范围界线；南至秦淮新河；西至夹江；北至江山大街 – 绕城公路 – 南河 – 阅城大道 – 花神大道 – 绕城公路 – 大明路 – 大校场路 – 秦淮河 – 绕城公路
八	2 800	2 200 ~ 3 300	五通一平	1.3	8 - 1	东至评价区范围界线；南至评价区范围界线；西至长江；北至秦淮新河

资料来源：南京市国土资源局，http://www.njgt.gov.cn/。

　　本章所选取的变量共包括住宅价格指标变量、住宅物理特征变量、住宅地段地价变量和基本公共服务变量四类，各变量的定义与描述性统计详见表 5 – 3。

表 5 – 3　　　　　　　　　　变量的定义与描述性统计

指标	变量	均值	标准差	最大值	最小值
住宅价格指标	住宅销售价格（P_h）	16 213.58	4 853.44	43 870.97	5 344.83
住宅物理特征指标	建筑面积（HS）	90.89	32.54	252	27
	房间数目（BeR）	2.42	0.73	6	1
	大厅数目（Hal）	1.58	0.51	4	0
	卫生间数目（BaR）	1.27	0.45	4	0
	阳台数目（Bal）	1.18	0.43	3	0
	朝向（Dir）	2.90	0.43	3	0
	装修（Dec）	2.55	0.91	4	1
	住宅总层数（Hei）	11.40	8.12	60	1
	住宅所在楼层（$HHei$）	6.35	5.79	56	1
	房龄（Yea）	8.49	5.27	32	1
	距 CBD 距离（CBD）	5 695.20	3 312.57	15 810	597

指标		变量	均值	标准差	最大值	最小值
住宅地段地价		土地级别（LP）	4.26	1.83	7	1
公共服务指标	交通条件	公交线路（Bus）	8.29	3.63	23	1
		距最近地铁站的距离（Sub）	1 428.06	1 051.24	4 813	73
	生态环境	距最近公园的距离（Par）	662.12	417.66	1 900	94
		距最近垃圾中转站的距离（Ref）	1 528.14	1 211.79	6 100	72
	医疗条件	距最近医院的距离（Hos）	305.96	237.06	1 600	31
	教育条件	1 000 米内重点公立小学的数量（PSC）	5.58	4.57	18	0
		1 000 米内重点公立中学的数量（MSC）	4.06	4.39	18	0

5.5.3　变量的相关性分析

在正式的计量分析之前，需要对各变量进行相关性分析。本章的被解释变量是住宅的销售均价，核心解释变量是住宅周边的公共服务水平，同时控制了住宅的物理特征。各变量的相关性分析结果见表 5 - 4。

由各变量相关性矩阵的初步分析可知，本章所关注的核心解释变量中公交线路（Bus）、1000 米内重点公立小学的数量（PSC）、1000 米内重点公立中学的数量（MSC）与住宅销售价格正相关，距最近地铁站的距离（Sub）、距最近公园的距离（Par）、距最近垃圾中转站的距离（Ref）以及距最近医院的距离（Hos）则与住宅销售价格负相关，符合理论预期。考虑到解释变量中住宅建筑面积（HS）与房间数目（BeR）、大厅数目（Hal）以及卫生间数目（BaR）间的相关性以及住宅距 CBD 距离（CBD）与住宅所在地段土地级别（LP）间的相关性，在后续的计量分析中剔除这两个变量。

5.5.4　公共服务与住宅销售价格的回归结果分析

表 5 - 5 展示了公共服务与住宅销售价格的回归分析结果。模型 1 是住宅物理特征指标的回归结果，在各特征指标中，除了卫生间数目与房龄的系数未通过显著性检验以外，其他指标均通过显著性检验且除了住宅所在楼层以外均与销售价格呈正相关关系，阳台数目与装修程度对销售价格的影响较大，大厅数目的影响最大，住宅总层数与住宅所在层数的影响则很小。因此，可以认为住宅的物质特征大部分资本化进了房价之中。另外，土地级别的系数也通过了显著性检验，表明土地级别越高，销售价格越高。

表5-4

变量的相关性分析

Var	P_h	HS	BeR	HAL	BaR	BAL	HEI	HHEI	DIR	DEC	YEA	LP	CBD	BUS	SUB	REF	PAR	HOS	PSC	MSC
P_h	1.00																			
HS	0.33	1.00																		
BeR	0.17	0.79	1.00																	
HAL	0.24	0.66	0.44	1.00																
BaR	0.25	0.72	0.59	0.44	1.00															
BAL	0.20	0.48	0.38	0.29	0.47	1.00														
HEI	0.26	0.02	-0.17	0.00	0.03	0.02	1.00													
HHEI	0.19	-0.02	-0.14	-0.03	-0.01	0.01	0.76	1.00												
DIR	0.00	0.22	0.22	0.22	0.11	0.08	-0.29	-0.22	1.00											
DEC	0.24	-0.07	-0.06	-0.04	-0.06	-0.07	-0.04	-0.02	-0.05	1.00										
YEA	0.03	-0.33	-0.10	-0.38	-0.22	-0.16	-0.19	-0.12	-0.07	0.25	1.00									
LP	-0.59	-0.06	0.04	0.01	-0.08	-0.02	-0.43	-0.35	0.18	-0.22	-0.22	1.00								
CBD	-0.58	0.01	0.04	0.08	0.01	0.00	-0.31	-0.25	0.17	-0.28	-0.39	0.79	1.00							
BUS	0.04	-0.00	0.02	-0.04	0.03	-0.00	-0.09	-0.06	-0.09	0.11	0.09	-0.02	-0.12	1.00						
SUB	-0.18	-0.07	0.01	-0.08	-0.07	-0.05	-0.26	-0.18	0.07	0.05	0.09	0.27	0.11	-0.04	1.00					
REF	-0.30	0.08	0.06	0.12	0.09	0.04	-0.19	-0.16	0.13	-0.22	-0.31	0.52	0.80	-0.06	-0.08	1.00				
PAR	-0.29	-0.00	0.02	0.02	-0.00	-0.01	-0.01	-0.02	-0.01	-0.11	-0.27	0.24	0.36	-0.06	-0.02	0.28	1.00			
HOS	-0.10	0.07	0.08	0.11	0.04	0.05	-0.17	-0.11	0.10	-0.15	-0.22	0.08	0.26	-0.16	-0.07	0.32	0.00	1.00		
PSC	0.23	-0.06	-0.03	-0.14	-0.01	-0.05	0.18	0.16	-0.15	0.12	0.21	-0.30	-0.43	0.13	-0.16	-0.38	-0.16	-0.15	1.00	
MSC	0.37	0.06	-0.01	-0.04	0.01	0.03	0.22	0.17	-0.12	0.23	0.11	-0.44	-0.49	0.07	0.19	-0.31	-0.12	-0.11	0.07	1.00

表 5 - 5　公共服务与住宅销售价格的回归结果

	被解释变量：住宅销售价格（P_h）					
	（1）	（2）	（3）	（4）	（5）	（6）
C	9.4631 *** (220.58)	9.4428 *** (163.99)	10.2075 *** (148.22)	9.6792 *** (168.13)	9.3759 *** (215.41)	10.3615 *** (117.60)
BeR	0.0176 ** (2.44)	0.0173 ** (2.40)	0.0208 *** (2.96)	0.0202 *** (2.80)	0.0132 * (1.85)	0.0200 *** (2.89)
Hal	0.1172 *** (11.51)	0.1185 *** (11.67)	0.1131 *** (11.38)	0.1143 *** (11.27)	0.1254 *** (12.41)	0.1162 *** (11.81)
BaR	0.0135 (1.11)	0.0110 (0.91)	0.0147 (1.24)	0.0096 (0.79)	0.0145 (1.21)	0.0104 (0.89)
Bal	0.0679 *** (6.33)	0.0682 *** (6.38)	0.0636 *** (6.11)	0.0689 *** (6.45)	0.0667 *** (6.29)	0.0626 *** (6.10)
Hei	0.0027 *** (3.11)	0.0029 *** (3.32)	0.0026 *** (3.04)	0.0017 ** (1.97)	0.0021 ** (2.36)	0.0010 (1.10)
$HHei$	−0.0020 * (−1.85)	−0.0020 * (−1.90)	−0.0023 ** (−2.24)	−0.0018 * (−1.72)	−0.0020 * (−1.89)	−0.0020 ** (−1.97)
Dir	0.0367 *** (3.63)	0.0413 *** (4.08)	0.0315 *** (3.21)	0.0363 *** (3.61)	0.0431 *** (4.30)	0.0375 *** (3.85)
Dec	0.0496 *** (10.99)	0.0483 *** (10.63)	0.0475 *** (10.84)	0.0485 *** (10.77)	0.0437 *** (9.67)	0.0405 *** (9.22)
Yea	−0.0001 (−0.08)	−0.0001 (−0.14)	−0.0045 *** (−4.48)	−0.0019 * (−1.84)	−0.0008 (−0.84)	−0.0063 *** (−6.16)
LP	−0.0882 *** (−34.98)	−0.0878 *** (−34.30)	−0.0810 *** (−31.71)	−0.0906 *** (−35.58)	−0.0796 *** (−29.55)	−0.0749 *** (−26.53)
Bus		0.0042 *** (4.14)				0.0014 (1.45)
Sub		−0.0041 (−0.71)				−0.0106 * (−1.81)
Ref			−0.0218 *** (−4.34)			−0.0144 *** (−2.84)
Par			−0.0866 *** (−13.57)			−0.0871 *** (−13.78)

续表

	（1）	（2）	（3）	（4）	（5）	（6）
被解释变量：住宅销售价格（P_h）						
Hos				$-0.0319\,^{***}$ (-5.60)		$-0.0337\,^{***}$ (-6.00)
PSC					$0.0548\,^{***}$ (6.38)	$0.0354\,^{***}$ (4.12)
MSC					$0.0608\,^{***}$ (6.73)	$0.0708\,^{***}$ (7.70)
R^2	0.46	0.46	0.49	0.46	0.49	0.51
调整的 R^2	0.45	0.46	0.49	0.46	0.48	0.50
F	270.33	227.89	256.54	250.92	253.31	194.17
观测值	3 231	3 231	3 231	3 231	3 231	3 231

注：（1）括号内为 t 值；（2） ***、** 和 * 分别表示在 1%、5% 和 10% 水平上显著。

　　模型（2）~模型（5）分别是交通条件、生态环境、医疗条件与教育条件四类公共服务对住宅销售价格的回归结果。模型（2）的结果表明，以公交线路为代表的交通公共资本与房价显著正相关，公交线路每增加 1%，住房销售价格将增加 0.0042%，而地铁的系数则并不显著；模型（3）的结果表明离垃圾中转站、公园越近，房价越高，离垃圾中转站的距离每减少 1%，住房销售价格将增加 0.0218%，离公园的距离每减少 1%，住房销售价格将增加 0.0866%，可见生态环境与房价显著正相关；模型（4）的结果表明距离医院越近，房价越高，离医院的距离每减少 1%，住房销售价格将增加 0.0319%，医疗公共资本同样资本化进了房价之中；模型（5）是对教育公共服务与住宅销售价格的回归分析，教育公共服务以小区周围重点小学、中学的数量（PSC、MSC）来衡量，实证结果表明，教育公共服务与住宅销售价格显著正相关，小区周边中学数量每增加 1%，住房销售价格将增加 0.0608%；小区周边小学数量每增加 1%，住房销售价格将增加 0.0548%。

　　模型（6）是对所有变量的回归分析，结果进一步验证了模型（1）~（5）的分析，而在住宅的物理特征指标中，房龄对房价的影响通过了显著性检验，房龄越短，房价越高，其他特征变量对房价的影响变化不大。总体来看，四类公共服务确实存在资本化现象，教育公共服务的质量对住宅销售价格的影响最大，这实际上也从侧面反映了当前居民对于教育公共服务的偏好。生态环境的影响次之，交通条件对住宅销售价格的影响最小。综合上述计量结果可知，命题 1 得证。

5.6
不同土地供给弹性下公共服务资本化的差异分析

为了分析住宅所在地段不同的土地供给弹性对公共服务资本化的影响，最好的办法是测定住宅所在地段的土地供给弹性，然而目前尚无较好的方法对其进行测度。麦克唐纳和麦克米伦（McDonald and McMillen，2000）、布拉辛顿（Brasington，2002）的研究为本章的研究提供了很好的解决办法，他们的研究认为相对城市的核心地区，城市的次核心地区以及边缘地区，土地供给弹性更大，住宅的开发活动更为活跃。因此本书对将总样本数据分类，以分析不同土地供给弹性下公共服务水平对住宅价格影响的差异：一种是按照住宅所在辖区进行分类，即先将样本按辖区进行划分，分为城市核心区域与次核心/边缘区域两大组，在城市核心区域进一步按辖区面积进行细分，分为两个组，最终的分组为组 I（包括鼓楼区、下关区、白下区、秦淮区）、组 II（包括玄武区、建邺区）及组 III（包括雨花台区、栖霞区）。按辖区进行分组是因为，一般来讲城市核心地区相对城市次核心以及边缘地区，其住宅开发更充分、土地使用规划更完善并且基准地价更高，因而其土地的供给弹性更小。

按辖区进行分组后，公共服务对住宅销售价格的回归结果见表 5-6。由表 5-6 可知，按辖区分组后的回归结果中，住宅物理特征、房龄以及住宅所在地段的土地级别对住宅价格的影响与未分组时大致相同，表明土地供给弹性并未改变住宅物理特征、房龄与住宅所在地段的土地级别对房价的影响，也进一步验证了这些变量是影响住宅价格的主要因素。

按辖区进行分组后公共服务水平对住宅价格的影响与未分组时出现了一些变化，从土地供给弹性较大的组 III 的回归结果来看，距垃圾中转站（Ref）对房价的影响不再显著，而代表教育条件的重点公立小学（PSC）、重点公立中学（MSC）对房价的影响虽然显著，但是方向却是相反的；从土地供给弹性较小的组 I 和组 II 的回归结果来看，两组回归结果中均有个别变量对房价的影响变得不再显著，如组 I 中重点公立中学（MSC）对房价的影响不再显著，组 II 中距最近地铁站的距离（Sub）对房价的影响不再显著。因此，考虑住宅所在地段不同土地供给弹性以后，公共服务对住宅价格的资本化现象确实有所变化：随着土地供给弹性增大，公共服务变量对住宅价格的影响变得不再显著甚至出现逆转的趋势。因此，可以认为土地供给弹性增大降低了公共服务对房价的资本化程度。

表 5 - 6　　　　　不同土地供给弹性下公共服务与住宅价格的回归结果

	被解释变量：住宅销售价格（P_h）					
	按辖区分组			按土地级别分组		
	组 I	组 II	组 III	组 I	组 II	组 III
C	10.082 *** (87.39)	10.877 *** (55.72)	11.289 *** (69.27)	9.7154 *** (37.17)	10.254 *** (91.55)	11.570 *** (54.52)
BeR	0.0415 *** (4.20)	0.0192 * (1.70)	0.0200 ** (2.29)	0.0489 *** (3.73)	0.0194 ** (2.18)	− 0.0247 ** (− 2.17)
Hal	0.1204 *** (8.50)	0.1268 *** (7.47)	− 0.0090 (− 0.73)	0.0568 *** (2.67)	0.1123 *** (9.18)	0.0424 *** (2.68)
BaR	− 0.0014 (− 0.08)	0.0138 (0.73)	0.0077 (0.53)	0.0437 * (1.79)	− 0.0301 ** (− 2.06)	0.0432 ** (2.27)
Bal	0.00295 * (1.90)	0.0869 *** (5.68)	− 0.0025 (− 0.19)	0.0204 *** (1.01)	0.0731 *** (6.08)	0.0025 (0.14)
Hei	− 0.0054 *** (− 4.74)	0.0007 (0.49)	0.0134 *** (7.76)	− 0.0034 ** (− 2.56)	− 0.0014 (− 1.21)	0.0143 *** (5.85)
HHei	0.0019 (1.43)	− 0.0072 *** (− 4.67)	− 0.0062 *** (− 3.23)	− 0.0006 (− 0.39)	− 0.0018 (− 1.44)	− 0.0058 ** (− 2.09)
Dir	0.0236 ** (2.08)	0.0019 (0.11)	0.0624 *** (2.69)	0.0228 * (1.73)	0.0243 * (1.69)	0.0279 (0.98)
Dec	0.0222 *** (2.92)	0.0350 *** (5.16)	0.0542 *** (11.00)	0.0036 (0.37)	0.0308 *** (5.53)	0.0573 *** (8.37)
Yea	− 0.0155 *** (− 10.26)	− 0.0131 *** (− 6.74)	− 0.0169 *** (− 7.34)	− 0.0163 *** (− 6.42)	− 0.0112 *** (− 8.62)	− 0.0144 *** (− 5.83)
LP	− 0.1161 *** (− 18.87)	− 0.0500 *** (− 10.85)	− 0.1004 *** (− 3.54)	− 0.0988 *** (− 4.40)	− 0.1572 *** (− 21.43)	− 0.0666 *** (− 2.67)
Bus	0.0038 ** (2.35)	0.0071 *** (4.01)	0.0300 *** (9.46)	− 0.0085 *** (− 3.95)	− 0.0005 (− 0.40)	0.0230 *** (9.18)
Sub	0.0509 *** (5.41)	− 0.0010 (− 0.09)	− 0.0594 *** (5.15)	0.0155 (1.04)	0.0390 *** (4.89)	− 0.1098 *** (− 10.72)
Ref	− 0.0237 *** (− 2.71)	− 0.0475 *** (− 3.91)	0.0175 (1.14)	− 0.0097 (− 0.61)	0.0127 * (1.86)	0.0197 (1.45)
Par	− 0.0207 ** (− 2.35)	− 0.1407 *** (− 12.07)	− 0.1808 *** (− 14.02)	0.0018 (0.10)	− 0.0711 *** (− 9.87)	− 0.1935 *** (− 12.33)

续表

	被解释变量：住宅销售价格（P_h）					
	按辖区分组			按土地级别分组		
	组Ⅰ	组Ⅱ	组Ⅲ	组Ⅰ	组Ⅱ	组Ⅲ
Hos	− 0.0474 *** （− 6.07）	− 0.0205 （− 1.52）	− 0.0426 *** （− 5.57）	− 0.0396 *** （− 2.82）	− 0.0190 *** （− 2.62）	− 0.0454 *** （− 4.56）
PSC	0.0379 ** （2.55）	0.1354 *** （8.84）	− 0.1864 *** （− 16.14）	0.2192 *** （8.01）	0.0397 *** （3.50）	− 0.0982 *** （− 5.87）
MSC	0.0164 （1.22）	0.0966 *** （6.85）	− 0.3942 *** （− 12.92）	0.2905 *** （11.40）	− 0.0120 （− 1.04）	0.1359 *** （6.93）
R^2	0.4642	0.4623	0.6839	0.3957	0.4976	0.4689
调整的 R^2	0.4569	0.4544	0.6769	0.3840	0.4915	0.4590
F	63.46	58.66	98.23	33.63	81.21	47.27
观测值	1 263	1 178	790	891	1 412	928

注：（1）括号内为 t 值；（2）***、** 和 * 分别表示在1%、5%和10%水平上显著。

考虑到不同辖区内部存在的差异，本书还按照住宅所处地段的土地级别对样本进行分类，以对按辖区分类的结果进行佐证，最终的分组为组Ⅰ（包括土地级别为1级和2级的住宅）、组Ⅱ（包括土地级别为3级~5级的住宅）及组Ⅲ（包括土地级别为6级和7级的住宅）。需要说明的是，按土地级别分组与按辖区进行分组所得的样本大部分是相同的，不同之处只是在于某些辖区内部由于规划的不同或是历史原因，形成了某些高地价、高房价的住宅，这些住宅按土地级别进行分类后可以更好地测度不同土地供给弹性下，公共服务资本化的差异情况。

按土地级别进行分组后，公共服务对住宅销售价格的回归结果见表5-6。由表5-6可知，按土地级别分组后住宅物理特征、房龄与住宅所在地段的土地级别对住宅价格的影响与按辖区分组的回归结果相比变化不大，在此不再赘述。按土地级别进行分组后公共服务水平对住宅价格的影响同样出现了一些变化，表现出随着土地供给弹性的增大，公共服务对房价的影响下降。这也一定程度上验证了按辖区分组的回归结果。综合上述结果可知，命题5-2得证。

5.7

本章小结

基于南京市江南八区的微观数据，本章建立了特征价格模型，实证检验了住宅周边所享有的公共服务水平对其销售价格的影响，并进一步分析了不同土地供给弹性下公共服务资本化的差异情况，得出以下基本结论：（1）住宅的物理特征指标与住宅周边的公共服务水平对房价存在资本化的现象，房间数目、大厅数目和装修程度等特征变量的提高将提高销售单价；（2）在本章考察的四类公共服务中，教育公共服务对住宅销售价格的影响最大，生态环境的影响次之，交通条件对住宅销售价格的影响最小；（3）考虑土地供给弹性之后，研究发现，公共服务对房价的资本化程度随着土地供给弹性的提高而下降。

"节俭办青奥"是2014年南京青年奥林匹克运动会的理念之一，这就意味着政府未来在公共服务的投入上不可能是全能的。此外，虽然南京市计划今后将逐渐增加城乡公共服务支出，但是考虑到公共服务对房价的资本化，政府对城市核心区公共服务的大量投入可能会对该区域的房地产市场造成较大冲击，不利于房地产市场的健康发展。因此，政府对公共服务的投入应既注重城乡之间的均等化，也注重城市内部各区域之间的均等化，将有限的资源多投入到城市的次核心以及边缘地区，以实现既提高居民的整体生活水平，又避免对某些区域的房地产市场造成较大的冲击。

第 6 章

基本公共服务的价格溢出效应 II：
兼论房价租金"剪刀差"

6.1
引　言

　　自 1998 年停止住房实物分配，加快城市住房制度改革以来，中国的房地产市场经历了快速的增长。同时部分城市房价过高、增速过快，政府对土地财政过度依赖等问题越来越引发人们的关注，但不可否认的是，房地产业在促进经济增长、提升居民居住水平等方面发挥了不可替代的作用。与此同时，中国的存量住宅水平不断提高，瑞士银行的测算表明，2010 年中国的住房累计竣工面积已经达到 120 亿平方米，如果用 2010 年新建商品房的市场价格计算，则全部住房存量价值占 GDP 的 120%，即便考虑到 20 世纪 80 年代和 90 年代初修建的部分质量较差的宿舍和质量偏低的出租房等存量，调整后的住房存量价值仍然约占 GDP 的 75%[①]。北京大学中国社会科学调查中心的调查显示，2011 年全国家庭平均住房面积为 116.4 平方米，人均住房面积为 36.0 平方米[②]。从存量房的成交情况来看，以上海市为例，1998 年上海市存量房成交24 501 套，成交面积 315.23 万平方米，2011 年存量房成交 146 151 套，是1998 年的近 6 倍，年均增长率约为 14.73%，成交面积 1 398.67 万平方米，是1998 年的 4 倍多，年均增长率 12.14%，而同时期上海市新建商品房销售面积

[①]　《瑞银：中国存量房价值约占 GDP 的 75%》，《财经网》2011 年 2 月 23 日，http：//www. Caijing. com. cn/2011 - 02 - 23/110648480. html。

[②]　北京大学中国社会科学调查中心：《中国民生发展报告 2012》。

为 1 771. 3 平方米①。

　　本书第 5 章考察了基本公共服务对房地产销售价格的溢出效应。但是随着中国房地产业和房地产市场的不断发展，中国的存量房地产市场越来越壮大。庞大的存量房市场使得存量房的交易与租赁成为房地产市场的重要组成部分，这也就使房屋的租赁价格成为房地产价格的重要组成部分。因此，考察基本公共服务对房地产价格的溢出效应还需要深入分析基本公共服务对房地产租赁价格的影响效应。本章即在第 5 章的基础之上，利用南京市 4 000 余份二手房租赁挂牌数据考察基本公共服务对房屋租金的影响。此外，本章还试图从基本公共服务供给的视角探寻我国城市房价租金比变动的原因。

　　本章内容安排为：第 6.2 节对公共服务与房地产租金关系的相关文献进行回顾；第 6.3 节构建公共服务影响房地产租金以及城市房价租金比的理论模型，并提出相关的命题；第 6.4 节则构建计量模型并运用南京市江南八区的微观调查数据进行实证分析；第 6.5 节首先回顾了国内外不同国家和地区不同时期出现的房价租金比升高现象以及学者们进行的多种解释，然后运用南京市的数据，从基本公共服务供给的视角，探寻中国城市房价租金比升高的另一种可能；第 6.6 节是对本章研究的总结。

6.2

相关文献回顾

　　美国经济学家蒂布特的"用脚投票"理论成为研究公共产品供给、人口流动以及房价波动的开先河之作，蒂布特（Tiebout，1956）研究认为居民将衡量各城市的公共服务水平来选择自己居住的城市。在此之后，众多学者开始关注蒂布特的研究，奥茨（Oates，1969）、罗森塔尔（Rosenthal，1999）等利用"用脚投票"理论分别研究美国和英国地区公共支出水平与房价的关系，并得出了公共支出与房价正相关的结论。而海曼和帕索尔（Hyman and Pasour，1973）的研究则并没有发现地方公共支出对房地产价值有明确的影响，麦克米伦和卡尔森（McMillan and Carlson，1977）同样认为在小城市中地方政府的公共支出并没有资本化到居民的房产价值中。

　　从现有研究来看，学者们更多的还是关注公共服务对房地产销售价格的影响。一是研究公共基础设施（尤其是地铁）对地区房价的影响。巴伊茨

---

① 资料来源：上海市统计局网站：http：//www.stats-sh.gov.cn/。

（Bajic，1983）对多伦多市的房地产研究表明距离铁路线近的住宅均价要比其他地区的住宅价格高。福伊特（Voith，1991）以费城为研究对象，发现便捷的铁路交通对附近地区住宅价格的溢价超过6.4%。迪克尔等（Dueker et al.，1998）认为交通对住宅价格的影响存在两个相反的效应，交通可达性的正效应提高房价，交通噪音的负效应则会降低房价，实证研究表明两种效应同时存在并且正效应大于负效应。克纳等（Knaap et al.，2001）、麦克米伦和麦克唐纳（McMillen and McDonald，2004）则将交通条件对房价的影响动态化，他们的研究发现，新的交通设施建设消息一经发布，就将对其周边的地价与房价产生很大影响。二是研究公共教育资本对房价的影响。布拉辛顿（Brasington，1999）认为教育的资本化取决于所采取的计量方法，通过采用传统的住宅特征价格模型和空间自回归误差修正模型对公共学校与住宅价格的计量分析发现，每个学生的财政支出、师生比、教师工资与学生出勤率等因素资本化进了房价之中，升学率、教师的教育经历和水平则并没有资本化进房价中。拜尔等（Bayer et al.，2003）对旧金山海湾地区进行研究时发现，学校质量每增加5%，居民购房的意愿支出将增加1%，随着人们收入和教育素质的提高，居民愿意为上好学校支付更高的费用。基奥多等（Chiodo et al.，2003）对学校质量与房价进行了检验，发现二者之间的关系呈现非线性的变化，当学校质量提高时，为了选择一个更好的学校父母们宁愿支付更高的溢价，尤其当学校的质量非常好的时候，其对房价的溢价更高。但是传统的线性检验结果倾向于高估低质量学校的溢价，低估高质量学校的溢价。三是研究社会治安水平对当地房价的影响。施瓦茨等（Schwartz et al.，2003）通过特征价格模型以及重复交易模型对大量数据进行实证检验后发现，不断下降的犯罪率对资产价值有较大的影响，并且推波助澜了纽约市1994年以后的房地产泡沫。吉本斯和梅钦（Gibbons and Machin，2008）的研究发现犯罪率确实资本化进了房价中，政府打击犯罪的政策对当地的房价有很大的影响。

国内学者的研究同样主要关注公共服务对房地产销售价格的影响。踪家峰等（2010）利用我国30个省市自治区1999~2008年的面板数据研究地方政府的财政支出资本化问题，实证结果表明我国地方政府的财政支出对房价有明显的促进作用。胡洪曙（2007）认为财产税资本化与房产价值负相关，地方公共支出和房产价值正相关；财产税与地方公共支出的转换系数以及地方公共支出的效率系数共同决定房产价值。杜雪君等（2009）利用省际面板数据分析了我国地方政府公共支出、房地产税负与房价之间的关系，研究认为房价与地方政府公共支出、房地产税负之间互为因果关系，房地产税负会抑制房价而公共支出则促进房价，并且公共支出对房价的长期影响大于短期影响而房地产税负对房价的长期影响小于短期影响。周京奎（2008）利用天津市的微观调查数据建立特征价格模型，分析了公共资本品规模对住宅价格的影响效应，发现地铁对住宅价格有显著影响，公共汽车线路对住宅价格的影响不显著，而人文公共资本品和生态公共资本品对住宅价格影响较小。冯皓、陆铭（2010）基于上海市52个区域房价与学校分布的月度面板数据，以及名为"实验性示范性高中"的自然实验，发现区域间在基础教育资源数量和质量上的差异部分体现在房价上，从而认为确实存在教育对房价的"资本化"。

近年来，学者开始更多地关注公共服务对房地产租赁价格的影响。在较早的文献中，本杰明和希尔曼斯（Benjamin and Sirmans，1996）重点分析了交通体系对公寓租金的影响，实证结果表明公寓到地铁站的距离与其租金之间存在负相关关系——公寓到地铁站的距离每增加0.1公里，租金将下降2.5%。切尔韦罗等（Cervero et al.，2004）的研究得出了相似的结论，研究发现以交通条件为导向而开发的公寓，其租金与那些具有相似区位特征的公寓租金相比要高出10%~20%，甚至更多。基尔帕特里克等（Kilpatrick et al.，2007）认为理论上来讲，相比于那些离公共交通设施较远的房屋，离公共交通设施较近的房屋往往会有较高的租金，因为便利的交通设施可以方便家庭的出行。波拉克等（Pollack et al.，2010）通过对42个拥有固定轨道的车站的对比研究，发现在这些车站附近，房屋租金平均要高出其他地区40%左右。对于这一现象的原因，沃德雷普（Wardrip，2011）在一篇公共交通与房价的综述性文献中指出，公共交通往往通过一些中间因素而对房屋的租金和价格产生影响，这些中间因素包括交通易达性、房屋类型、轨道交通类型、噪音效应、邻里效应以及城市分区等等。

除了公共交通以外，公共教育同样会影响一个地区房屋的租金。达尔马佐和德布拉西奥（Dalmazzo and De Blasio，2007）认为包括交通、医疗、教育以及一些文化设施在内的地方公共服务对城市的房屋租金有非常大的溢价。帕夫柳克（Pavlyuk，2009）通过实证研究发现，公寓距离绿地、学校的距离以及公共交通的可达性与公寓的租金是显著相关的，并且公寓距离学校的距离每减少1%，公寓租金将增加16.1%。利亚普拉特（Leah Platt Boustan，2012）的研究则发现如果城市中心区的公立学校废除歧视政策，将使与中心区相邻的区域住房需求下降，从而导致房屋租金下降6%左右。在此方面，针对中国的研究，尤其是实证研究则并不多见。

本章依然采用南京市的江南八区的微观调查数据，分析城市公共服务水平对住宅租金的影响。本章研究与以上研究不同的地方在于：（1）在分析公共服务资本化现象时，控制了住宅所处地段的地价，以便更精确地衡量住宅附近的公共服务水平对其的溢价；（2）更进一步地分析公共服务对住宅销售价格与租赁价格影响的差异，试图从公共服务供给的角度探索我国城市房价租金增速呈现出的"剪刀差"之谜。

6.3

理 论 模 型

6.3.1 基本公共服务对租金的影响

现实中，居民除了买房居住，还存在租房居住的情况。对于这部分的消费者，假定其同样将在自己的预算约束下选择一般消费品 x、住房 h 和公共服务 PS（尤其是交通公共服务）的商品组合来获得最大效用，居民的可支配收入为 y_{ij}。对于公共服务的偏好使得居民的租赁行为同样受到公共服务水平的影响。与第 5 章中的建模思路类似，假定居民的效用函数为：

$$U = x_{ij}{}^{\alpha} h_{ij}{}^{\beta} PS_i{}^{\gamma} \tag{6.1}$$

其中，α、β、γ 分别为一般商品、住房与公共服务对消费者效用的贡献。

仍然考虑一个拥有 I 个辖区 N 个消费者的模型，辖区 i（$i \in [1, I]$）代表性消费者 j（$j \in [1, n]$，且 $\sum_{i}^{I} n_i = N$）的年均可支配收入为 Y_{ij}，用于购买一般商品、租赁住房以及享受公共服务。此外，本章还做出如下假定：（1）一般商品 x 是计价品，其价格标准化为 1；（2）根据邹至庄和牛霖琳（2010）的研究，住房的供给弹性大于需求弹性；（3）不考虑住房的维修与折旧；（4）居民在城市各辖区之间可以自由流动，不存在税收的情况。

因此，i 地区代表性消费者 j 的效用最大化问题即为：

$$\max_{h_{ij}} U = x_{ij}{}^{\alpha} h_{ij}{}^{\beta} PS_i{}^{\gamma}$$
$$\text{s. t. } y_{ij} = x_{ij} + P_{r_{ij}} h_{ij} \tag{6.2}$$

式（6.2）中，α、β、γ 分别为一般商品、租房与公共服务对消费者效用的贡献，$P_{r_{ij}}$ 表示住房租金。求解该最大化问题可得代表性消费者的间接效用函数 v（y_{ij}，$P_{r_{ij}}$，PS_i）。

由于假定居民可在城市内部各区域之间自由流动，则均衡时居民在任一区域的效用是相等的，因此：

$$v(y_i, P_{ri}, PS_i) = v(y_j, P_{rj}, PS_j), i, j \in [1, I], i \neq j \tag{6.3}$$

假定地区 i 住房的总供给量为 H_i，且 H_i 满足 $\sum_i^I n_i h_i = \sum_i^I H_i$，则住房租赁市场供求均衡时可得：

$$\sum_i^I \frac{H_i}{h_i} = N \tag{6.4}$$

均衡的租金水平由式（6.3）、式（6.4）共同决定，即 $P_r = P_r(y, t, PS)$。为了分析公共服务对于租金的影响，将式（6.3）、式（6.4）分别对 PS_i 求导，并定义 $\eta_i = \frac{\partial H_i}{\partial P_{ri}} \frac{P_{ri}}{H_i}$ 和 $\varepsilon_i = \frac{\partial h_i}{\partial P_{ri}} \frac{P_{ri}}{h_i}$ 分别为租赁房的供给价格弹性和需求价格弹性，$MRS_i = \frac{\partial v / \partial PS_i}{\partial v / \partial y_i}$ 为公共服务与收入之间的边际替代率，运用罗伊恒等式，可得：

$$\frac{\partial P_{ri}}{\partial PS_i} = \frac{MRS_i}{\frac{n_i}{P_{ri}}(\eta_i - \varepsilon_i)h_j \Big/ \sum_{j \neq i} \frac{n_j}{P_{rj}}(\eta_j - \varepsilon_j)h_i + 1} \tag{6.5}$$

由效用函数可知式（6.5）的分子 $MRS_i > 0$，由租赁房供给弹性大于需求弹性的假设可知 $\eta_i > \varepsilon_i$，可得式（6.5）的分母亦为正，可知 $\frac{\partial P_{ri}}{\partial PS_i} > 0$。由此可得到如下命题：

命题 6-1：当公共服务带来正效用并且租赁房的供给弹性大于需求弹性时，公共服务水平提高会助推租金上涨。

由于基本公共服务可以带来正效用，居民将增加对享有更好的基本公共服务的住宅的租赁需求。例如，在租赁住房时，人们除了对租赁住房的本身——装修程度、房龄、居住空间等有所权衡之外，还将考虑租赁住房的区位质量，尤其是交通便利性、自然环境等因素。因此，在住宅供给保持一定的情况下，基本公共服务水平的提高将增加人们对此类住房的租赁需求，从而促进房屋租赁价格的上涨，即基本公共服务对房屋租赁价格存在溢出效应。

6.3.2　基本公共服务与房价租金比变动

上述理论分析仅仅就基本公共服务对租金的影响进行了一个简单的分析，没有考虑房地产销售市场与租赁市场之间的关系。现实中一个非常重要的情况是租房者往往很难完全享受到所租赁住房周边的公共服务。因此，同样一单位基本公共服务带给购房者与租房者的效用存在一定的差异，购房者得到的效用更高一点。仍然假定消费者继续在自己的预算约束下选择一般消费品 x、住房 h 和公共服务 PS（尤其是交通公共服务）的商品组合来获得最大效用，情况稍有不同的是，租房者的效用函数有所变化并且消费者将在两期内最大化自己的效用。

假定此时租房者的效用函数为：

$$U(x,h,PS) = x_{ij}{}^{\alpha_1}(h_{ij} + \gamma PS_i)^{\alpha_2} \tag{6.6}$$

其中，$0 < \alpha_1 < 1$，$0 < \alpha_2 < 1$；由于同样一单位基本公共服务带给购房者的效用更高，租房者的效用相对较低，因此 $0 < \gamma < 1$。

将效用函数式（6.6）两边取对数，转化为：

$$U(x,h,PS) = \alpha_1 \ln x + \alpha_2 \ln(h + \gamma PS) \tag{6.7}$$

相应地，假定购房者可以完全享受住宅周边的基本公共服务，那么购房者效用函数即为：

$$U(x,h,PS) = \alpha_1 \ln x + \alpha_2 \ln(h + PS) \tag{6.8}$$

对于购房者而言，其效用是第 1 期效用和第 2 期效用的总和。第 1 期的效用是通过自有住房获得的住房服务和消费其他商品实现的，第 2 期的效用为消费者在支付了两期的费用后所拥有的剩余财富所带来的间接效用。消费者对家庭财富进行配置实现效用最大化的方程组合为：

$$\max_{x,h,PS}\left[U(x,h,PS) + V(w) \right] \tag{6.9}$$

$$\text{s. t. } y'_1 + L = x + P_h h + S \tag{6.10}$$

$$w = y'_2 + P_h h(1 + g) - L(1 + r) + S(1 + r) \quad x > 0, h \geqslant 0 \tag{6.11}$$

其中，$U(x, h, PS)$ 是第 1 期居住者消费住房服务和其他商品所获得的效用，$V(w)$ 是间接效用函数，反映了第 1 期后消费者拥有的剩余财富所带来的效用，假设两者都属于递增（二阶连续可微）并且严格拟凹的函数；w 是第 2 期末的家庭净财富。y'_1 为住房自有者第 1 期的工资薪金等收入，y'_2 是住房自有者在第 2 期初所获得的收入。L 是为购房而申请的银行贷款，g 为房价变动率，S 是第 1 期拥有的大于 0 的储蓄，市场实际利率为 r，P_h 是单位住房的销售价格。

根据式（6.9）设拉格朗日函数为：

$$Z = U(x,h,PS) + V(w) + \lambda_1(y'_1 + L - x - P_h h - S) \tag{6.12}$$

将式（6.8）、式（6.11）代入式（6.12），并分别对 x 和 h 求导，根据最优解条件得：

$$\begin{cases} Z_x = \dfrac{\alpha_1}{x} - \lambda_1 = 0 & (6.13) \\[2mm] Z_h = \dfrac{\alpha_2}{h+PS} + V'(w)(1+g)P_h - \lambda_1 P_h = 0 & (6.14) \end{cases}$$

其中，λ_1 是拉格朗日因子。将式（6.13）代入式（6.14）整理可得如下关系式：

$$P_h = \frac{\alpha_2/(h+PS)}{V'(w)(1+g) - \alpha_1/x} \qquad (6.15)$$

同理，作为租房者，其效用仍然是第 1 期效用和第 2 期效用的总和。稍有不同之处在于，租房者第 1 期的效用是通过租赁住房获得的住房服务和消费其他商品实现的，第 2 期的效用为消费者在支付了住房租金后所拥有的剩余财富所带来的间接效用。此时，租房者不能享受房价上涨带来的财富增加，也不用偿还购房贷款。

因此，租赁住房消费者对家庭财富进行配置实现效用最大化的方程组合为：

$$\max_{x,h,PS}\left[U(x,h,PS) + V(w) \right] \qquad (6.16)$$

$$\text{s. t. } y_1 = x + P_r h + S \qquad (6.17)$$

$$w = y_2 + S(1+r) \quad x > 0, h \geqslant 0 \qquad (6.18)$$

其中，y_1 为租赁者第 1 期的工资薪金等收入，y_2 是租赁者在第 2 期初获得的收入，P_r 是一单位住房的租赁价格。

根据效用最大化的方程组合设拉格朗日函数为：

$$Z = U(x,h,PS) + V(w) + \lambda_2(y_1 - x - P_r h - S) \qquad (6.19)$$

将式（6.7）、（6.18）分别代入式（6.19），并分别对 x 和 h 求导，根据最优解条件得：

$$\begin{cases} Z_x = \dfrac{\alpha_1}{x} - \lambda_2 = 0 & (6.20) \\[2mm] Z_h = \dfrac{\alpha_2}{h+\gamma PS} - \lambda_2 P_r = 0 & (6.21) \end{cases}$$

其中，λ_2 是拉格朗日因子。将式（6.20）代入式（6.21）中可得如下关系式：

$$P_r = \frac{\alpha_2/(h+\gamma PS)}{\alpha_1/x} \tag{6.22}$$

由式（6.15）和式（6.22）进而可以得到房价租金比为：

$$\frac{P_h}{P_r} = \frac{\alpha_2/(h+PS)}{\alpha_2/(h+\gamma PS)V'(w)(1+g) - \alpha_1/x} \frac{\alpha_1/x}{} \tag{6.23}$$

为了考察基本公共服务对房价租金比的影响，将式（6.23）对 PS 求导，可得：

$$\frac{\partial\left(\dfrac{P_h}{P_r}\right)}{\partial PS} < 0 \tag{6.24}$$

由此可得到如下命题：

命题 6-2：当基本公共服务投入不足时，消费者基于效用最大化的租买决策将导致房价租金比升高。

这就意味着在其他因素保持不变且 $0 < \gamma < 1$ 的情况下，购房与租房在享受基本公共服务上存在差异，若基本公共服务投入不足，消费者基于效用最大化的租买决策的结果将导致房价租金比升高。

6.4
实证分析与讨论

6.4.1 计量模型设定

结合第6.3节的理论分析并借鉴特征价格模型，本节拟建立半对数特征价格模型以分析公共服务对租金的影响。

$$\ln P_r = C + \sum \alpha_i X_i + \sum \beta_j \ln PS_j + \varepsilon \tag{6.25}$$

其中，P_r 为住宅租金的挂牌单价，C 为常数项；X_i 表示住房的物理特征，包括户型、朝向、装修、楼层、房龄等；PS_j 表示公共服务水平，本模型主要考虑交通公共服务、生态环境、医疗公共服务以及教育公共服务四类；α_i、β_j 为各变量的回归系数；ε 为随机扰动项。

6.4.2 变量说明与描述统计

为了分析公共服务对房屋租金的影响，本章收集了南京市江南八区的微观数据①，挂牌租赁的住宅共计4 484套，分别来自160个小区②。住宅物理特征指标、住宅价格指标数据来源于House 365地产家居网站的二手住宅挂牌数据，其中住宅朝向与装修程度为离散变量，其他指标为连续变量，朝向按从北到南依次赋值0~3，装修程度按"毛坯"、"简装"、"精装"与"豪华装"顺序依次赋值为1~4，住宅销售价格与租赁价格均为单价。

本章所关注的核心解释变量——基本公共服务水平主要包括交通公共服务、生态环境、医疗与教育公共服务四类，测度的是住宅所在小区周边的公共服务情况，通过google地图以及小区实地走访调查而得；考虑到小区所处地段对其价格的影响，本章控制了小区所属的土地级别属性，根据南京市国土资源局网站的信息，南京市江南八区的住宅用地共分为八个级别，土地级别为1级，其基准地价最高，土地级别也最高，土地级别为8级，其基准地价最低，土地级别也最低（具体详见第5章），在实证分析中本章对土地级别按其数值赋值，数值越低土地级别越高。各变量的定义与描述统计见表6-1。

表6-1　　　　　　　　　变量的定义与描述性统计

指标	变量	单位	均值	标准差	最大值	最小值
住宅价格指标	住宅销售价格（P_h）	元/平方米	16 213.58	4 853.44	43 870.97	5 344.83
	住宅租赁价格（P_r）	元/平方米	31.82	11.15	118.87	10
	房价租金比（P_h/P_r）	—	528.81	100.12	797.91	241.44
住宅物理特征指标	建筑面积（HS）	平方米	90.89	32.54	252	27
	房间数目（BeR）	个	2.42	0.73	6	1
	大厅数目（Hal）	个	1.58	0.51	4	0
	卫生间数目（BaR）	个	1.27	0.45	4	0
	阳台数目（Bal）	个	1.18	0.43	3	0
	朝向（Dir）	—	2.90	0.43	3	0
	装修（Dec）	—	2.55	0.91	4	1
	住宅总层数（Hei）	—	11.40	8.12	60	1
	住宅所在楼层（$HHei$）	—	6.35	5.79	56	1
	房龄（Yea）	年	8.49	5.27	32	1
	距中央商务区的距离（CBD）	米	5 695.20	3 312.57	15 810	597

---

① 这八个区分别是玄武区、鼓楼区、白下区、秦淮区、建邺区、下关区、栖霞区与雨花台区，数据收集时间为2012年2~3月。

② 基于稳健性的考虑，剔除了原始数据中的疑似重复以及关键变量有所缺失的样本，最后得到租赁有效样本4 364份。

续表

指标		变量	单位	均值	标准差	最大值	最小值
住宅地段地价		土地级别（*LP*）	—	4.26	1.83	7	1
公共服务指标	交通条件	公交线路（*Bus*）	条	8.29	3.63	23	1
		距最近地铁站的距离（*Sub*）	米	1 428.06	1 051.24	4 813	73
	生态环境	距最近公园的距离（*Par*）	米	662.12	417.66	1 900	94
		距最近垃圾中转站的距离（*Ref*）	米	1 528.14	1 211.79	6 100	72
	医疗条件	距最近医院的距离（*Hos*）	米	305.96	237.06	1 600	31
	教育条件	1 000 米内小学的数量（*PSC*）	个	5.58	4.57	18	0
		1 000 米内中学的数量（*MSC*）	个	4.06	4.39	18	0

6.4.3 变量的相关性分析

在正式的计量分析之前，需要对各变量进行相关性分析。本章所使用的微观数据包括销售数据与租赁数据两类，限于篇幅，仅列出住宅租赁价格与各解释变量之间的相关分析结果。各变量的相关分析结果见表 6 – 2[①]：

由各变量相关性矩阵的初步分析可知，本章所关注的核心解释变量中公交线路（*Bus*）、1 000 米内小学的数量（*PSC*）、1 000 米内中学的数量（*MSC*）与住宅租赁价格正相关，距最近地铁站的距离（*Sub*）、距最近公园的距离（*Par*）、距最近垃圾中转站的距离（*Ref*）以及距最近医院的距离（*Hos*）则与住宅租赁价格负相关，符合理论预期。考虑到解释变量中住宅建筑面积（*HS*）与房间数目（*BeR*）、大厅数目（*Hal*）以及卫生间数目（*BaR*）间的相关性以及住宅距 *CBD* 距离（*CBD*）与住宅所在地段土地级别（*LP*）间的相关性，在后续的计量分析中剔除面积（*HS*）和住宅距 *CBD* 距离（*CBD*）这两个变量。

6.4.4 公共服务与住宅租赁价格的回归分析

表 6 – 3 展示了公共服务与住宅租赁价格的回归分析结果。模型（1）是住

---

① 在表 6 – 2 的相关分析中，加入了分别代表小学质量（*QPS*）与中学质量（*QMS*）的分析结果，小学质量（*QPS*）与中学质量（*QMS*）两个变量的处理方式是分别剔除了小学与中学中的非重点小学与中学，得到的重点小学与中学的数量。

表6－2　变量的相关性分析

Var	P_r	HS	BeR	HAL	HEI	HHEI	DIR	DEC	YEA	LP	CBD	BUS	SUB	REF	PAR	HOS	PSC	MSC	QPS	QMS
P_r	1.00																			
HS	-0.28	1.00																		
BeR	-0.36	0.80	1.00																	
HAL	-0.15	0.70	0.46	1.00																
HEI	0.34	0.07	-0.13	0.05	1.00															
HHEI	0.27	0.03	-0.11	0.02	0.76	1.00														
DIR	-0.07	0.13	0.12	0.08	-0.01	0.00	1.00													
DEC	0.36	0.15	0.05	0.16	0.12	0.11	0.01	1.00												
YEA	-0.06	-0.31	-0.08	-0.37	-0.27	-0.21	-0.03	-0.08	1.00											
LP	-0.45	0.01	0.09	0.04	-0.38	-0.29	0.04	-0.17	-0.18	1.00										
CBD	-0.39	0.06	0.10	0.10	-0.26	-0.21	-0.01	-0.13	-0.34	0.73	1.00									
BUS	0.11	-0.13	-0.08	-0.09	0.01	-0.02	0.00	0.06	0.07	0.00	-0.12	1.00								
SUB	-0.27	-0.09	-0.04	-0.15	-0.09	-0.09	0.05	-0.15	0.05	0.30	0.22	-0.15	1.00							
REF	-0.14	0.13	0.11	0.18	-0.19	-0.15	-0.01	0.02	-0.31	0.44	0.71	-0.02	-0.12	1.00						
PAR	-0.09	-0.03	-0.01	0.02	0.02	-0.01	-0.04	-0.04	-0.25	0.13	0.40	-0.06	0.03	0.19	1.00					
HOS	-0.10	0.30	0.23	0.30	-0.07	-0.05	0.02	0.07	-0.33	0.10	0.22	-0.06	-0.18	0.35	-0.02	1.00				
PSC	0.41	-0.12	-0.12	-0.18	0.33	0.27	0.00	0.11	0.32	-0.64	-0.70	0.15	-0.19	-0.48	-0.30	-0.34	1.00			
MSC	0.42	-0.10	-0.13	-0.16	0.36	0.31	-0.02	0.10	0.20	-0.62	-0.61	0.15	-0.24	-0.32	-0.31	-0.26	0.87	1.00		
QPS	0.30	-0.11	-0.07	-0.14	0.17	0.13	0.06	0.08	0.22	-0.30	-0.46	0.17	-0.05	-0.48	-0.17	-0.28	0.61	0.41	1.00	
QMS	0.26	0.05	0.01	-0.02	0.18	0.14	-0.03	0.11	0.12	-0.45	-0.47	0.11	-0.10	-0.20	-0.12	0.04	0.45	0.55	0.14	1.00

宅物理特征指标的回归结果，与住宅物理特征指标对住宅销售价格的回归结果相比，住宅物理特征指标对住宅租金的影响差异很大。最大的变化在于，住宅房间数目、大厅数目与租金显著负相关，即住宅房间数目、大厅数目的增加将降低住宅租金的单价，这一结果暗含的是现实中人们往往更青睐于租住小户型的住宅，随着住宅房间数目、大厅数目的增加，市场中对这类住宅的需求将下降从而导致租金下降。在其他特征变量中，住宅装修程度对租金的影响最大，装修程度越好，租金越高；房龄则与租金负相关，房龄越短，住宅的租金越高。另外，土地级别的系数显著为负，表明土地级别越高，租赁价格越高。

表 6 - 3　　　　　　　　公共服务与住宅租赁价格的回归结果

	被解释变量：住宅租赁价格（P_r）							
	(1)	(2)	(3)	(4)	(5)	(6)	(7)	(8)
C	3. 4026 ***	3. 7249 ***	3. 6891 ***	3. 4791 ***	3. 2998 ***	3. 3454 ***	3. 3318 ***	3. 9600 ***
	(108. 10)	(85. 04)	(67. 22)	(84. 17)	(103. 62)	(107. 04)	(106. 27)	(56. 87)
BeR	- 0. 1273 ***	- 0. 1250 ***	- 0. 1282 ***	- 0. 1257 ***	- 0. 1278 ***	- 0. 1300 ***	- 0. 1294 ***	- 0. 1275 ***
	(- 23. 56)	(- 23. 63)	(- 23. 90)	(- 23. 15)	(- 24. 15)	(- 24. 59)	(- 24. 71)	(- 24. 58)
Hal	- 0. 0499 ***	- 0. 0557 ***	- 0. 0548 ***	- 0. 0472 ***	- 0. 0383 ***	- 0. 0399 ***	- 0. 0346 ***	- 0. 0497 ***
	(- 5. 96)	(- 6. 78)	(- 6. 55)	(- 5. 61)	(- 4. 64)	(- 4. 87)	(- 4. 23)	(- 6. 14)
Hei	0. 0042 ***	0. 0039 ***	0. 0041 ***	0. 0041 ***	0. 0028 ***	0. 0032 ***	0. 0023 ***	0. 0030 ***
	(6. 29)	(6. 02)	(6. 15)	(6. 02)	(4. 26)	(4. 81)	(3. 45)	(4. 59)
HHei	- 0. 0010	- 0. 0013	- 0. 0011	- 0. 0010	- 0. 0016 *	- 0. 0009	- 0. 0016 *	- 0. 0015
	(- 1. 05)	(- 1. 40)	(- 1. 16)	(- 1. 08)	(- 1. 67)	(- 0. 97)	(- 1. 71)	(- 1. 61)
Dir	- 0. 0114 **	- 0. 0086 *	- 0. 0130 **	- 0. 0118 **	- 0. 0147 ***	- 0. 0171 ***	- 0. 0171 ***	- 0. 0146 ***
	(- 2. 18)	(- 1. 68)	(- 2. 51)	(- 2. 25)	(- 2. 86)	(- 3. 34)	(- 3. 38)	(- 2. 93)
Dec	0. 2137 ***	0. 2064 ***	0. 2104 ***	0. 2142 ***	0. 2100 ***	0. 2066 ***	0. 2078 ***	0. 1995 ***
	(34. 27)	(33. 70)	(33. 92)	(34. 37)	(34. 34)	(33. 84)	(34. 33)	(33. 34)
Yea	- 0. 0043 ***	- 0. 0045 ***	- 0. 0060 ***	- 0. 0050 ***	- 0. 0074 ***	- 0. 0065 ***	- 0. 0073 ***	- 0. 0078 ***
	(- 5. 60)	(- 5. 90)	(- 7. 15)	(- 6. 16)	(- 9. 18)	(- 8. 45)	(- 9. 39)	(- 9. 45)
LP	- 0. 0578 ***	- 0. 0513 ***	- 0. 0575 ***	- 0. 0583 ***	- 0. 0400 ***	- 0. 0481 ***	- 0. 0401 ***	- 0. 0418 ***
	(- 27. 46)	(- 23. 91)	(- 26. 99)	(- 27. 62)	(- 16. 39)	(- 21. 40)	(- 16. 82)	(- 17. 79)
Bus		0. 0060 ***						0. 0028 ***
		(6. 05)						(2. 81)
Sub		- 0. 0541 ***						- 0. 0551 ***
		(- 12. 24)						(- 12. 57)
Ref			0. 0023					0. 0059
			(0. 65)					(1. 64)
Par				- 0. 0421 ***				- 0. 0300 ***
				(- 8. 31)				(- 6. 08)

	被解释变量：住宅租赁价格（P_r）							
	（1）	（2）	（3）	（4）	（5）	（6）	（7）	（8）
Hos				−0.0139 *** （−2.85）				−0.0159 *** （−3.35）
PSC					0.0120 *** （7.51）			
MSC					0.0024 （1.58）			
QPSC						0.0998 *** （13.79）		0.0830 *** （10.97）
QMSC						0.0424 *** （5.66）		0.0497 *** （6.59）
*PSC * QPSC*							0.0117 *** （11.77）	
*MSC * QMSC*							0.0035 ** （3.27）	
R^2	0.48	0.51	0.49	0.48	0.50	0.51	0.52	0.53
调整的 R^2	0.48	0.51	0.49	0.48	0.50	0.51	0.51	0.53
F	509.25	447.11	421.01	454.31	443.73	449.94	463.11	330.60
观测值	4 364	4 364	4 364	4 364	4 364	4 364	4 364	4 364

注：（1）括号内为 *t* 值；（2）*** 、** 和 * 分别表示在1%、5%和10%水平上显著。

模型（2）~（7）分别是交通条件、生态环境、医疗条件与教育条件四类公共服务对住宅租赁价格的回归结果。实证结果表明大部分的公共服务指标同样资本化进了住宅的租赁价格中，在交通条件变量中，距地铁站距离与租金负相关，这一结论与本杰明和希尔曼斯（Benjamin and Sirmans，1996）的结论相同；教育公共服务与租金正相关，我们的研究结果并未发现支持冯皓、陆铭（2010）的公共教育服务不会影响住宅租金的证据。虽然人们选择租房不能与优质学校"就近入学"这种择校权利挂钩，好学校的外部性还是会影响人们的租房行为，住宅所有享有的公共服务水平的提高既会提高其销售价格也会提高其租赁价格。

模型（8）是对所有变量的回归分析，结果进一步验证了模型（1）~（7）的分析。具体而言，公交线路与租金正相关且通过1%显著性水平检验，公交线路每增加1%，租金将增加0.0028%；住房距地铁站距离与租金负相关且通过1%显著性水平检验，与地铁站距离每增加1%，租金将下降0.0551%；住房距公园的距离与租金负相关且通过1%显著性水平检验，与公园距离每增加 1%，租金将下降 0.0300%；住房距医院的距离与租金负相关且通过 1% 显著性水平检验，与医院距离每增加 1%，租金将下降 0.0159%；住房周边重点中学的数量与租金正相关且通过 1% 显著性水平检验，重点小学数量每增加 1%，租金将增加 0.0830%；住房周边重点小学的数量与租金正相关且通过 1% 显著性水平检验，重点中学数量每增加 1%，租金将增加 0.0497%。从本章公共服务与住宅租赁价格的回归结果以及第 5 章中公共服务与住宅销售价格的回归结果来看，公共服务对住宅销售价格与租赁价格的影响不存在本质上的差异，但是住宅的物理特征指标对房价与租金的影响存在显著差异，具体表现在住宅房间数目、大厅数目的增加会提高销售价格、降低租赁价格。在所有物理特征指标中，租金对住宅的装修程度最为敏感。

6.5

公共服务资本化与城市房价租金"剪刀差"

6.5.1 房价租金比变动的国际经验与中国现实

作为衡量房地产市场是否存在泡沫的主要指标之一（Himmelberg et al. 2005；Brunnermeier and Julliard，2008；杨帆等，2005；昌忠泽，2010），房价租金比的变动一直受到人们普遍的关注[①]。理论上来讲，房价和租金二者之间应该具有内在的传导机制[②]，房价应该是未来租金的资本化，如果一个地区房地产的租金回报率明显偏低，那么由房地产租金资本化后计算得到的房地产价值必然大大低于其市场价格，此时，可认为房地产的价格脱离了其基准价值而出现"泡沫"。根据国家统计局公布的《35 个大中城市房屋销售价格指数》，以 1998 年为基期，绘制房地产销售价格和租赁价格定基指数曲线（见图 6-1），由此可以观察中国 35 个大中城市房地产销售价格与租赁价格走势及房价租金比的变化。如图 6-1 所示，2003 年之前，中国 35 个大中城市房地产销售价格及租赁价格走势基本上是一致的，但是 2003 年以后，相对于租赁价格的走势，房地产销售价格呈现出明显的上涨趋势，表明房价租金比呈现出不断扩大的趋势。这一现象也被形象地称为城市房价租金"剪刀差"（高

---

① 对房价与租金关系的另一种描述是"租售比"，即租金售价比，租金售价比与房价租金比均是对房地产价格或者房地产资产投资回报率的衡量，二者并无实质上的区别。

② 严格来讲，租金同样是房地产价格的一种体现，本书中如不特别说明，"房价"指的是房地产的销售价格，"租金"指的是房地产的租赁价格。

波、洪涛，2008）。

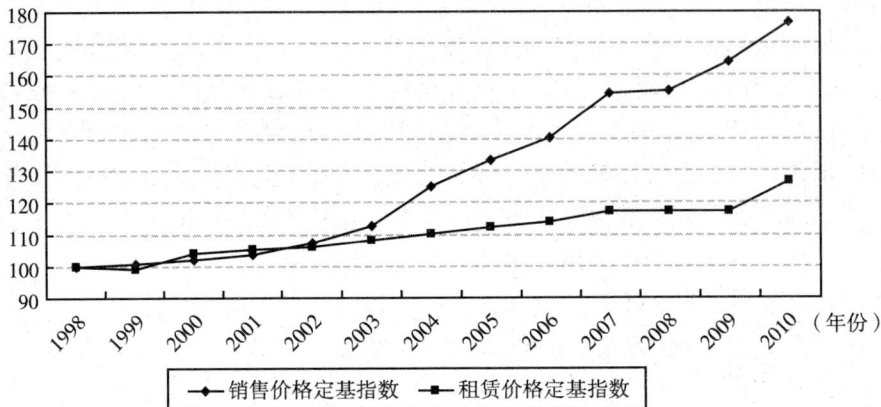

图 6 - 1　1998～2010 年中国城市房价租金走势

资料来源：国家统计局网站，http：//www. stats. gov. cn/。

　　国际上通行的房价租金比合理标准区间一般为 200～300，如果房价租金比超过 300，则说明房价存在一定的泡沫。从中国的现实来看，中国社科院发布的《房地产蓝皮书》显示 2006 年我国部分城市的房价租金比已达到 270～400；国家发改委的抽样调查报告则发现 2008 年上半年全国房价租金比高达 400；2009 年上半年北京、上海、深圳等一线城市的房价租金比在 330～500 之间（吕江林，2010）；2010 年上半年杭州、金华、丽水等城市市区的房价租金比均已超过 500，温州市区房价租金比更是高达 720[①]。对江苏省 7 个城市房价租金比的测算表明，2011 年南京、苏州、无锡、常州等苏南城市房价租金比在 400～500 之间[②]，而据浙江大学房地产研究中心对浙江省诸城市房价租金比的测算，2012 年上半年杭州、金华、衢州、台州等城市的房价租金比均超过了 500，温州和丽水两市的房价租金比则更高，分别达到 706 和 737[③]。

　　马克思地租理论即认为房价与租金就其本质而言是住房这种商品不同价值的表现形式。在经典的戈登现值模型中，作为一种投资品，房地产市场中的价格与租金可等同于股市中的价格与红利的关系，由未来租金贴现得到的房价和房地产当前的市场售价应当是一致的（Gordon，1962）。在迪帕斯奎尔和惠顿

---

①　浙江大学房地产研究中心：《2010 年上半年浙江省房地产业发展报告》，http：//www. kfw001. com/news/html/kfkx/shichang/2010/0728/12496. html.

②　南京大学不动产研究中心：《江苏省房地产市场发展报告（2011）》。

③　钱放、贾生华：《城市住房市场运行的观测与分析——基于 2012 年浙江省 11 个地级城市的调查研究》，载于《中共浙江省委党校学报》2012 年第 6 期。

提出的四象限模型（D－W模型）中，住房售价与租金的比值可看作是住房这种资产的投资回报率，住房租赁期满时购房者支付的全部费用的本息和应该等于租房者所支付的全部租金的本息和（DiPasquale and Wheaton，1995）。

实际上房价租金比会不断扩大甚至出现背离现象并非中国所独有，在国外亦不鲜见。萨默等（Sommer et al.，2011）发现在1995~2005年间，美国的实际房价增长了46%，实际租金则几乎没有什么变化，2006年房价租金比的峰值水平是2000年的1.4倍，研究认为期间美国较低的利率水平、宽松的信贷条件以及高涨的收入水平一方面推动了房价的快速上涨，另一方面则阻碍了租金的上涨，因而部分解释了房价租金比不断扩大的现象。凯斯和希勒（Case and Shiller，2003）同样认为长期的低利率政策是美国房价租金背离的主要原因，此外，购房时的税收优惠政策也导致了房价租金背离。坎贝尔等（Campbell et al.，2009）在动态戈登增长模型框架下，对美国房价租金比进行因素分解，发现未来租金增长预期在租金房价比的波动中仅起小部分作用，而实际利率和风险溢价的变化预期则解释了大部分的房价增长，意味着房价租金比的变动主要是由预期未来价格变动引起的。温特斯（Winters，2012）认为人们对未来住房的需求并不会影响当前的住房租赁价格，相反却会影响当前的住房出售价格，因而对住房的需求会导致房价租金的背离。格兰齐耶拉和科齐茨基（Granziera and Kozicki，2012）则认为有限理性预期能够很好地解释2000~2005年期间美国的房价租金比不断扩大的现象。

除了美国以外，英国、芬兰、西班牙以及德国等工业化国家自20世纪90年代末以来均不同程度地经历了以房价租金比不断扩大为标志的房地产泡沫（Taipalus，2006）。阿尤索和雷斯托伊（Ayuso and Restoy，2007）认为快速上涨的房价导致了西班牙房价租金比的扩大。弗拉帕和梅索尼耶（Frappa and Mesonnier，2010）通过对17个OECD国家的研究表明，加拿大、澳大利亚等中央银行施行以反通胀为目标的政策的国家，其房价租金比往往较高。

综上可知，宽松的货币政策、高涨的房价水平、旺盛的住房需求等是国外学者关注的导致房价租金比不断扩大的主要因素，国外学者的解释对于国内的相关研究具有很好的启发意义，然而由于国民经济发展水平以及房地产市场发展水平所处阶段不同，这些因素未必能很好地用来解释中国城市房价租金比的变动。对于近年来中国城市租金比的不断扩大，国内学者们进行了广泛的讨论，从现有文献来看，一般从如下几个方面着手分析中国城市租金比的变动。

一是从宏观的经济基本面、相关制度缺失或不健全以及政府政策冲击的层面分析房价租金比不断扩大的原因。王文莉和赵奉军（2011）发现在城市化进程中，房价租金比与城市化速度正相关，在其他条件不变的条件下，城市扩张速度越快房价租金比将越高；当城市化进程结束之后，房价租金比将不再受其影响。董藩和刘建霞（2010）将我国房价租金发生背离归结于土地公有制，认为在土地公有制条件下土地供给方的国有垄断导致土地市场供给短缺，促使房价过快上涨；相反，租赁市场供应者众多，竞争充分，使得住房价格的上涨速度快于租金的上涨速度，从而造成了房价租金的背离；此外，他们的研究还认为政府在土地、税收、利率上的宏观调控政策加剧了房价与租金的背离。崔裴和严乐乐（2010）认为在我国住房市场上占用模式对居民而言是存在差异的，住房租买选择机制的缺失导致住房资产市场与住房服务市场关联性弱化，因此，住房资产的市场价格高出价值且偏离程度不断加大是必然的趋势。

二是从中观的房地产产业、房地产市场结构层面分析房价租金比不断扩大的原因。周永宏（2005）从市场结构的角度分析房价租金间的关系，认为我国的房屋买卖市场是一种寡头垄断市场，而房屋租赁市场则是接近于完全竞争的市场，因此房价和租金被区隔到两种不同结构的市场中，也即房价和租金二者具有相对独立性，并不存在房价决定租金的情况，这可能造成了我国房价租金的背离。吴福象和姜凤珍（2012）认为在住房买卖市场中，居民的购房行为具有潜在的投资性，这就决定了住房买卖交易往往具有一定的投机性，因此，房价很容易背离其基准价值而产生泡沫；而在住房租赁市场中，租赁行为难以产生市场投机行为，均衡状态下的房地产租金市场必须真实反映住房市场整体的供需关系。

三是从微观的居民住房消费行为层面分析房价租金比不断扩大的原因。虞晓芬（2007）以杭州市住房市场为研究对象，通过对影响居民家庭住房租买的因素进行了理论和实证研究，认为杭州市居民收入、家庭资产的大幅增长以及住房品质的提升都增加了购房概率，使房价租金发生背离。高波和洪涛（2008）从行为经济学的视角出发，将不完全信息的羊群行为理论引入中国住房市场的研究领域，认为房价租金增速比值呈现"剪刀差"状是由于市场预期乐观和房地产市场的特殊性产生的羊群效应导致的。任超群等（2013）同样认为消费者预期是中国城市房价租金比变动的重要因素，且市场繁荣期预期的推动作用更加明显。

6.5.2 房价租金"剪刀差"的另一种解释：公共服务供给的视角

结合第 6.3 节的理论分析，本节拟建立如下计量方程以考察基本公共服务水平对房价租金比的影响：

$$\ln(P_h/P_r) = C + \sum \beta_j \ln PS_j + \varepsilon \tag{6.26}$$

其中，P_h/P_r 为房价租金比，C 为常数项；PS_j 表示公共服务水平，本模型主要考虑的基本公共服务包括交通公共服务、生态环境、医疗公共服务以及教育公共服务四类；ε 为随机扰动项。

为了分析公共服务对房价租金比的影响，笔者剔除了销售组数据与租赁组数据中不同的小区，最后保留了140套小区，并分别计算了这些小区平均的挂牌销售单价与挂牌租赁单价，小区的房价租金比则由小区平均销售价格与租赁价格计算而得。由于小区的物理特征指标难以衡量，在计量分析中，我们仅考虑土地级别、公共服务对小区房价租金比的影响。另外，考虑到教育公共服务的质量对销售价格与租赁价格的影响大于数量的影响，本部分计量分析中仅考虑教育公共服务的质量对小区房价租金比的影响。

公共服务与房价租金比的回归结果见表6-4。由表6-4可知，小区所在地段的土地级别对房价租金比的影响并不显著，在四类公共服务中，教育公共服务对房价租金比的影响并不显著，交通公共服务、医疗公共服务与生态环境的系数通过了显著性检验。具体来看，小区与最近地铁站的距离越远，其房价租金比越高，小区与最近地铁站的距离每增加1%，其房价租金比将增加0.0423%；小区与最近医院的距离越远，其房价租金比越高，小区与最近医院的距离每增加1%，其房价租金比将增加0.0640%；距离公园的距离对房价租金比的影响从系数与显著性水平来看均较小。整体上而言，公共服务水平与房价租金比呈现一定程度的负相关关系。

表6-4　　　　　　　公共服务与房价租金比的回归结果

	被解释变量：房价租金比（P_h/P_r）			
	Coefficient	Std.	t-Statistic	Prob.
C	6.0561	0.2894	20.93	0.0000
LP	−0.0104	0.0114	−0.91	0.3629
Bus	−0.0041	0.0049	−0.85	0.3983
Sub	0.0423	0.0209	2.02	0.0456
Ref	−0.0115	0.0222	−0.52	0.6045
Par	−0.0412	0.0231	−1.78	0.0766
Hos	0.0640	0.0223	2.87	0.0049
QPSC	−0.0534	0.0367	−1.46	0.1480
QMSC	−4.25E−06	0.0371	−0.0001	0.9999

	被解释变量：房价租金比（P_h/P_r）			
	Coefficient	*Std.*	*t-Statistic*	*Prob.*
R^2	0.12			
调整的 R^2	0.10			
F	23.37			
观测值	140			

综合表 6-3 和表 6-4 的计量结果，可以认为，政府对公共服务的投入并没有导致房价租金比的提高，公共服务水平的提高虽然会提高住宅的销售价格，也会同时提高住宅的租赁价格。但是考虑到相比城市核心地带，城市边缘地带政府公共服务投入往往不足的现实，城市边缘地带公共服务投入不足将使得边缘地带的房价租金比提高，原因在于边缘地带公共服务水平降低使得住宅租金的下降幅度超过房价的下降幅度。本书第 5 章的结果表明，交通公共服务、医疗公共服务每下降 1% 单位（即住宅与二者的距离每增加 1%），房价将分别下降约 0.01% 和 0.03%；本章的实证结果则表明交通公共服务、医疗公共服务每下降 1% 单位，租金将下降 0.05% 和 0.02%，这导致的结果即是当地房价租金比的提高。

6.6

本章小结

本章对基本公共服务与房屋租金间关系的相关文献进行了回顾，并构建理论模型，对基本公共服务如何影响房屋租金以及房价租金比进行了理论分析，然后在此基础上提出需要检验的命题，最后利用南京市江南八区近万份的调查数据，建立特征价格模型，实证检验了住宅周边所享有的公共服务水平对其租赁价格的影响。此外，本章还从公共服务供给的角度探索了房价租金"剪刀差"的原因，得出以下基本结论：

第一，本章考察的四类公共服务同样资本化进了住宅租赁价格中，因此，公共服务对住宅销售价格与租赁价格的影响不存在本质上的差异。但是住宅的物理特征指标对房价与租金的影响存在显著差异，房间数目、大厅数目等特征变量的提高倾向于降低租金单价；与其他特征指标相比，租金对住宅装修程度最为敏感。

　　第二，政府对城市核心地带公共服务的投入并不会导致当地房价租金比提高，相反，政府对城市边缘地带公共服务投入不足则将使得租金的下降幅度超过房价的下降幅度，导致当地的房价租金比提高。这一发现凸显了政府推进城市内部各区域之间的基本公共服务均等化的必要性。本章的研究为合理制定租金提供了有效的证据，同时也为探寻房价租金"剪刀差"之谜给出了新的研究视角。

第7章

基本公共服务的价格溢出效应Ⅲ:
房地产税收的平抑作用

7.1
引 言

本书第5章和第6章分别就基本公共服务对房地产销售价格和租赁价格的溢出效应进行了分析,本章则在一个更大的背景下讨论基本公共服务对房地产价格的溢出效应——除了考虑政府基本公共服务支出行为,还要考虑为政府基本公共服务支出行为提供财力保障的政府财政收入,尤其是房地产税收收入对房地产价格的影响。

住房制度改革至今,中国房地产市场已经历了十余年的风雨起伏。回顾这十余年我国房地产市场的发展历程,不难发现我国住房制度改革与1997年亚洲金融危机的"邂逅"。然而,这种"邂逅"并非偶然,中国的房改正是在全面应对金融危机的大背景下应运而生的。在当时的情况下,通过加大住房建设,"带动建材、钢材等需求,达到扩大内需、拉动经济增长的目的"成为可选的决策之一①。而在随后的发展过程中,中国的房地产市场经历了数次房价的起伏动荡,为此,政府出台了一系列土地政策、财政政策、金融政策以及动用行政手段对房地产市场进行宏观调控。仅2010年1月7日至2011年7月12日国务院及各部委就接连出台5项举措以促进房地产市场平稳健康发展。其中,以2010年4月17日出台的《国务院关于坚决遏制部分城市房价过快上涨的通知》,财政部、国家税务总局、住房和城乡建设部2010年9月29日联合

---

① 谢家瑾:《房地产这十年——房地产风雨兼程起起伏伏之内幕》,中国市场出版社2009年版。

出台的《关于调整房地产交易环节契税个人所得税优惠政策的通知》（被称为"国五条"），以及 2011 年 1 月 26 日出台的《国务院办公厅关于进一步做好房地产市场调控工作有关问题的通知》最为严厉。2013 年 2 月 20 日国务院常务会议进一步确定了五项加强房地产市场调控的政策措施，也被称为"新国五条"，其中第三条指出要继续严格实施差别化住房信贷、税收政策和住房限购措施，遏制投机投资性购房，合理引导住房需求。可见，在国家历轮针对房地产市场的宏观调控政策中，财政政策均占据着不可忽视的篇幅。

1998 年以来我国的财政政策大体经历了三个阶段，即 1998～2004 年积极的财政政策、2004～2008 年稳健的财政政策、2008 年年底至今的积极的财政政策（李颖，2010）。房地产市场中与财政政策实施密切相关的有两个部分，一是作为财政收入部分的房地产税收，二是作为财政支出部分的城市基础设施建设、公共服务供给等。中国当前具有重房地产开发流转环节、轻房地产保有环节的房地产税收体系和地方基本公共服务非均等化的特点（王斌，2011），更为重要的是房地产税收的主要功能应是政府对行政管辖范围内的土地、房产等财产征税，为地方政府供给公共产品和服务提供财力保障（高波，2012），此外，居民在选择居住地时也会同时考察当地包括财产税在内的税负水平与公共服务水平（Tiebout，1956）。因此，考察中国的房地产税收结构以及公共服务供给对于稳定房价进而对于引导住房理性消费具有十分重要的意义。

本章余下部分内容安排为：第 7.2 节对相关文献进行了回顾；第 7.3 节建立理论模型，分析房地产税税收、政府基本公共服务支出对房价的影响，并提出相应的命题；第 7.4 节分析了 1998 年以来，中国以及 30 个省（市/自治区）的房地产税负水平及其变动情况；第 7.5 节则基于省际面板数据对提出的命题进行实证检验；第 7.6 节是对本章研究的总结部分。

7.2
相关文献回顾

美国经济学家蒂布特（Tiebout，1956）的"用脚投票"理论成为研究税收负担、公共产品供给、人口流动以及房价波动的开先河之作，开创了公共经济学、城市经济学新的研究领域。蒂布特（Tiebout，1956）研究认为居民将综合考虑城市的税收负担尤其是财产税负以及公共服务的供给水平来选择自己居住的城市。之后，奥茨（Oates，1969）、罗森塔尔（Rosenthal，1999）等利用"用脚投票"理论分别研究美国和英国地区公共支出水平、税收与房价的关系，并得出了相似的结论，即公共支出与房价正相关而税收与房价负相关。而海曼和帕索尔（Hyman and Pasour，1973）的研究则并没有发现财产税和地方公共支出对房地产价值有明确的影响。麦克米伦和卡尔森（McMillan and Carlson，1977）同样认为在小城市中地方政府的财产税与公共支出并没有资本化到居民的房产价值中。

国内学者也对税收负担、财政支出与房价波动之间的关系进行了检验。这些研究大体分为三类，一是研究地方公共支出与房价的关系；二是研究房地产税/财产税的市场效应；三是综合考察地方公共支出、税收负担对房价的影响。

杞明（2005）利用蒂布特的"用脚投票"理论解释了中国地方政府的公共支出促进了房价上涨，高凌江（2008）对我国 35 个大中城市的面板数据进行 OLS 回归分析，发现地方财政支出和房地产价值存在高度正相关关系。踪家峰等（2010）则利用我国 30 个省市自治区 1999～2008 年的面板数据研究地方政府的财政支出资本化问题，实证结果同样表明我国地方政府的财政支出对房价有明显的促进作用。可见，如果单纯考察地方公共支出与房价的关系，研究多数认为公共支出与房价存在正相关关系。

在房地产税的市场效应研究方面，陈多长等（2004）认为房产税在短期会提高房租，但在长期将降低住宅资产的均衡价格；而住宅转让所得税则降低了住宅的价格。况伟大（2009）以住房特性为切入点，构建了局部均衡的消费者－开发商模型和投资者—开发商模型，理论分析认为无论是对于消费者还是投资者，开征物业税均将导致房价下降；而实证结果表明对全国和东部地区而言，物业税能抑制房价上涨，但对中西部地区效果不明显。杨绍媛和徐晓波（2007）从住房成本和资产收益角度分析房地产税的市场效应，认为由于房地产需求弹性小，征收房地产税将导致房价上涨。杜雪君等（2008）对中国 1988～2006 年房地产税与房价的时间序列数据进行协整、向量自回归等分析，发现我国房地产税和房价之间存在正相关关系，在不考虑地方公共支出对房价影响的情况下，房地产税的长期影响效应大于短期影响效应。还有一些研究认为开征房产税对于房地产价值没有实质性的影响。王晓明等（2008）做了实际测算，认为开征房产税对满足自住需求的有房者和购房者影响不大，只会增加住房投资者持有成本并降低其投资收益。龚刚敏（2005）则利用李嘉图等价定理进行论证，同样认为开征房产税对房地产价值、租赁价格没有实质性的影响。

如果同时考察地方公共支出、房地产税收对房价的影响，情况则更加复杂。胡洪曙（2007）认为财产税资本化与房产价值负相关，地方公共支出和房产价值正相关；财产税与地方公共支出的转换系数以及地方公共支出的效率系数共同决定房产价值。杜雪君等（2009）利用省际面板数据分析了我国地方政府公共支出、房地产税负与房价之间的关系，研究认为房价与地方政府公共支出、房地产税负之间互为因果关系，房地产税负会抑制房价而公共支出则促进房价，并且公共支出对房价的长期影响大于短期影响而房地产税负对房价的长期影响小于短期影响。

本章则拟利用省际面板数据研究我国地方政府公共服务支出、房地产税负与房价之间的关系。但与前人研究有所不同的是：（1）在房地产税负选择上考虑中国当前重房地产开发流转环节、轻房地产保有环节的房地产税收体系，将房地产税负分为交易税与持有税两类，分析房地产税收结构对房价的影响；（2）在地方政府公共服务支出方面，考虑到当前我国地方基本公共服务非均等化的特点，借鉴梁若冰等（2008）的研究，采用资本化的方法，分析地方政府公共服务供给对房价的影响。

7.3
理论模型

如前所述，居民在选择居住地时将综合考虑当地的税收负担与公共服务水平，并在自己的预算约束下选择不同的商品组合来获得最大效用。仍然假定消费者面对的商品向量 X 包含三类：一般消费品 x、住房 h 和公共服务 PS，即 $X = X(x, h, PS)$，效用函数满足对数可加，具体形式为：

$$U = \prod X_i^\alpha$$

其中，$0 < \alpha < 1$，$X_i \geqslant 0$。   (7.1)

本书前面几章的分析中，一直视居民的收入为外生变量，然而实际上，居民的收入受到税收等诸多因素的影响。在中国目前的房地产市场中，由于刚需等原因，一个非常明显的特征即是房地产销售市场垄断情况较为严重（严金海，2006），因此新房和旧房的供给者往往拥有较大的定价权，这就使得针对房地产的部分税收容易转嫁给消费者。在此方面，一个较为明显的例子是，2013 年 3 月 1 日，国务院发布《关于进一步做好房地产市场调控工作有关问题的通知》（以下简称《通知》），进一步细化"国五条"，《通知》要求，对出售自有住房按规定应征收的个人所得税，通过住房登记和税收征管等信息能够核实住房原值的，应严格按照《通知》的要求，依法缴纳转让住房所得的20%计征交易税，《通知》一经发布立即引发了人们关于税收转嫁的讨论，短时间内对市场造成了极大的冲击，排队过户与假离婚等极端现象层出不穷。

在其他假定不便的条件下，由于住房的供给弹性大于需求弹性，针对住房的税收发生"转嫁"，住房消费者将承担针对住房的税收。设 i 地区针对住房的税率为 t_i，则 i 地区代表性消费者 j 的可支配收入为：$y_{ij} = （1 - t_i）Y_{ij}$。

因此，i 地区代表性消费者 j 的效用最大化问题为：

$$\max_{h_{ij}} U = x_{ij}{}^{\alpha} h_{ij}{}^{\beta} PS_i{}^{\gamma}$$
$$s.t. \quad （1 - t_i）Y_{ij} = x_{ij} + P_{h_{ij}} h_{ij} \tag{7.2}$$

式中，α、β、γ 分别为一般商品、住房与公共服务对消费者效用的贡献，P_h 表示房价。求解该最大化问题可得代表性消费者的间接效用函数 $v（y_{ij}, P_{h_{ij}}, PS_i）$。

由于假定居民可在各地区自由流动，则均衡时居民在任一地区的效用是相等的，因此：

$$v(y_i, P_{h_i}, PS_i) = v(y_j, P_{h_j}, PS_j), i, j \in [1, I], i \neq j \tag{7.3}$$

假定地区 i 住房的总供给量为 H_i，则住房市场出清的条件是：

$$\sum_i^I n_i h_i = \sum_i^I H_i \tag{7.4}$$

由式（7.4）可得：

$$\sum_i^I \frac{H_i}{h_i} = N \tag{7.5}$$

均衡的房价水平由式（7.3）、式（7.5）共同决定，即 $P_h = P_h（y, t, PS）$。为了分析房地产税负对于房价的影响，将式（7.3）、式（7.5）分别对 t_i 求导，可以得到：

$$-\frac{\partial v}{\partial y_i} Y_i + \frac{\partial v}{\partial P_{h_i}} \frac{\partial P_{h_i}}{\partial t_i} = \frac{\partial v}{\partial P_{h_j}} \frac{\partial P_{h_j}}{\partial t_i} \tag{7.6}$$

$$\frac{1}{h_i{}^2} \left(\frac{\partial H_i}{\partial P_{h_i}} \frac{\partial P_{h_i}}{\partial t_i} \cdot h_i - \frac{\partial h_i}{\partial P_{h_i}} \frac{\partial P_{h_i}}{\partial t_i} \cdot H_i \right)$$
$$+ \sum_{j \neq i} \left[\frac{1}{h_j{}^2} \left(\frac{\partial H_j}{\partial P_{h_j}} \frac{\partial P_{h_j}}{\partial t_i} \cdot h_j - \frac{\partial h_j}{\partial P_{h_j}} \frac{\partial P_{h_j}}{\partial t_i} \cdot H_j \right) \right] = 0 \tag{7.7}$$

联立式（7.6）、式（7.7），分别定义 $\eta_i = \frac{\partial H_i}{\partial P_{h_i}} \frac{P_{h_i}}{H_i}$ 和 $\varepsilon_i = \frac{\partial h_i}{\partial P_{h_i}} \frac{P_{h_i}}{h_i}$ 为住房的供给弹性和需求弹性，并运用罗伊恒等式，可得：

$$\frac{\partial P_{h_i}}{\partial t_i} = -\frac{Y_i}{\dfrac{n_i}{P_{h_i}}(\eta_i - \varepsilon_i)h_j \big/ \displaystyle\sum_{j \neq i} \frac{n_j}{P_{h_j}}(\eta_j - \varepsilon_j)h_i + 1} \tag{7.8}$$

由住房供给弹性大于需求弹性的假设可知 $\eta_i > \varepsilon_i$，从而式（7.8）的分母为正，又因为 $Y_i > 0$，所以 $\dfrac{\partial P_{h_i}}{\partial t_i} < 0$。由此得到命题7－1：

命题7－1：当住房的供给弹性大于需求弹性时，房地产税负下降会助推房价上涨。

在住房的供给弹性大于需求弹性时，房地产税中对房地产企业征收的部分会发生转嫁，因此，如果房地产税负水平提高，居民除了承担自己需要缴纳的税收之外，还将实际上多负担原本应该由房地产企业缴纳的税收，这必然会降低居民的实际收入从而降低居民的住房支付能力与住房需求，在其他条件保持不变时，房价将下降；反之，如果房地产税负水平下降，居民不仅可以降低原本需要缴纳的税收，房地产企业需要缴纳的税收也会减少，从而其转嫁的税收也会减少，这将提高居民的实际收入从而提高居民的住房支付能力与住房需求，在其他条件保持不变时，房价将上升。

基于同样的方法分析基本公共服务供给对于房价的影响，可知 $\dfrac{\partial P_{h_i}}{\partial PS_i} > 0$。

由此得到命题7－2：

命题7－2：当公共服务带来正效用并且住房的供给弹性大于需求弹性时，公共服务水平提高会助推房价上涨。

居民对住房的需求除了包含对住宅空间的需求，还包括对住宅区位质量的需求，而住宅周边的基本公共服务，例如学校、医院、地铁、绿地则是住宅区位质量的重要衡量指标。由于基本公共服务可以带来正效用，居民将增加对享有更好的基本公共服务的住宅的需求，因此，在住宅供给保持一定的情况下，基本公共服务水平的提高将促进房价的上涨，即基本公共服务对房价存在溢出效应。

7.4
中国房地产税负水平分析

在中国，房地产税收是一个宽泛的概念，它是以房地产作为调节对象，涉及房地产产业的开发、持有、使用、经营和转让整个经济活动，征税对象涉及房地产开发经营、买卖交易、持有等各个环节的行为和标的，涵盖了我国税收体系中的绝大多数税种。具体可分为：取得环节的耕地占用税与契税；持有环节的房产税、城镇土地使用税；转让环节的土地增值税、营业税、印花税与个人所得税（高波，2010）。

因此，本章解释变量之一的房地产税负的选择考虑中国当前重房地产开发流转环节、轻房地产保有环节的房地产税收体系，将房地产税负分为交易税与持有税两类。其中，交易税包括取得环节的耕地占用税与契税、转让环节的土地增值税；持有税则包括房产税①、城镇土地使用税、城市建设维护税。出于数据可获得性原因，营业税、印花税与房地产企业和个人缴纳的所得税此处不作考虑。1998～2011 年中国房地产业各项税收见表 7-1。

表 7-1　　　　　1998～2011 年中国商品房销售额及房地产业各项税收　　　单位：亿元

年份	商品房销售额	耕地占用税	契税	土地增值税	房产税	城镇土地使用税	城市维护建设税
1998	2 513.3	33.3462	58.9927	4.2666	159.7418	54.0922	291.9952
1999	2 987.87	33.0256	95.9623	6.8104	183.3568	59.0592	312.5677
2000	3 935.44	35.316	131.0811	8.3936	209.3819	64.7648	348.9588
2001	4 862.75	38.334	157.0772	10.3296	228.4249	66.1542	380.6212
2002	6 032.34	57.339	239.0709	20.5104	282.3827	76.8328	467.1136
2003	7 955.66	89.8968	358.0454	37.2812	323.861	91.5681	546.7076
2004	10 375.71	120.085	540.1041	75.0391	366.3167	106.226	669.7446
2005	17 576.13	141.849	735.14	140.314	435.9577	137.3444	791.0187
2006	20 825.96	171.12	867.67	231.4724	514.8467	176.81	933.43
2007	29 889.12	185.0376	1 206.246	403.0975	575.459	385.4863	1 148.699
2008	25 068.18	314.4075	1 307.539	537.43	680.34	816.896	1 336.301
2009	44 355.17	633.07	1 735.05	719.5595	803.6563	920.98	1 419.92
2010	52 721.24	888.64	2 464.85	1 278.29	894.07	1 004.01	1 736.27
2011	58 588.86	1 075.46	2 765.73	2 062.61	1 102.39	1 222.26	2 609.92

资料来源：历年《中国统计年鉴》。

由表 7-1 可知，1998～2011 年，耕地占用税增长了 31 倍，年均增长率约为 30.63%，契税增长了 45 倍，年均增长率约为 34.44%，土地增值税更是

①　此处的房产税并非现在上海、重庆试行开征的"房产税"，而指根据 1986 年 10 月 1 日起实施的《中华人民共和国房产税暂行条例》规定的以房价和房租为计税依据的房产税，采用比例税率，按房产余值计征的，税率为 1.2%，按房产租金收入计征的，税率为 12%。

增长了 482 倍，年均增长率高达 60.87%，三项合计，房地产交易税由 1998 年的 96.61 亿元增长到 2011 年的 5 903.8 亿元，年均增长率高达 37.21%，而同时期商品房销售额增长率则为 27.41%；房产税增长了约 6 倍，年均增长率 16.02%，城镇土地使用税增长了约 22 倍，年均增长率 27.10%，城市建设维护税增长了约 8 倍，年均增长率 18.35%，三项合计，房地产持有税由 1998 年的 505.83 亿元增长到 2011 年的 4 934.57 亿元，年均增长率仅为 19.15%，大大低于房地产交易税的增长率，也低于同时期商品房销售额增长率。整体来看，房地产业税收由 1998 年的 602.43 亿元增长到 2011 年的 10 838.37 亿元，年均增长率为 24.89%。

　　为了更进一步地考察房地产业的税负水平，本章将房地产税负定义为每单位商品房销售额中的房地产税收。通过测算 1998~2011 年中国房地产税负变动情况可知，1998 年以来，除了交易税负呈现一定程度的上升趋势以外，我国房地产业税负整体上呈现的是下降的趋势，尤其是房地产持有税负下降尤为明显（如图 7-1 所示）。房地产保有环节税种少、税负轻已经成为影响中国城市住房制度体系失序的一个重要原因（中国社会科学院财经战略研究院课题组，2012）。

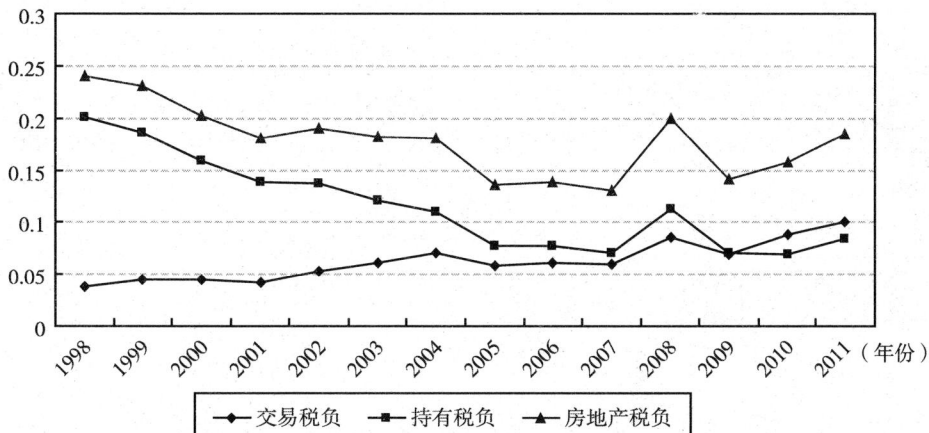

图 7-1　1998~2011 年中国房地产税负变动情况

　　从 30 个省（市/自治区）房地产税负水平来看（见表 7-2）[①]，在城市住房制度停止实物分配，实施货币化分配改革之初的几年，房地产税负水平较高，具体表现为税负水平超过 0.9 的省份有 4 个，即山西省、内蒙古自治区、

[①]　因西藏自治区相关数据缺乏，此处不包括对西藏自治区房地产税负水平的分析。

湖南省以及海南省；近半数的省份（14 个）税负水平超过 0.5。随着住房制度市场化改革的不断推进，房地产税负水平大体呈现下降的趋势，截至 2011 年，30 个省（市/自治区）中，房地产税负水平最高仅为 0.31（山西省），其余大部分省份房地产税负水平低于 0.2。

表 7－2　　　　1998～2011 年 30 个省（市/自治区）房地产税负水平

年份＼地区	1998	1999	2000	2001	2002	2003	2004	2005	2006	2007	2008	2009	2010	2011
北京	0.15	0.14	0.11	0.10	0.09	0.10	0.09	0.07	0.08	0.09	0.16	0.10	0.14	0.22
天津	0.18	0.22	0.17	0.13	0.15	0.14	0.13	0.08	0.09	0.09	0.14	0.13	0.15	0.18
河北	0.56	0.50	0.38	0.31	0.34	0.29	0.36	0.24	0.20	0.20	0.22	0.18	0.15	0.14
山西	0.98	1.11	0.65	0.48	0.45	0.39	0.39	0.24	0.28	0.26	0.37	0.32	0.25	0.31
内蒙古	0.91	0.49	0.39	0.30	0.31	0.33	0.34	0.22	0.21	0.15	0.19	0.20	0.17	0.18
辽宁	0.32	0.27	0.24	0.21	0.23	0.22	0.22	0.17	0.17	0.16	0.19	0.19	0.18	0.22
吉林	0.56	0.46	0.34	0.28	0.29	0.32	0.40	0.21	0.21	0.19	0.21	0.17	0.13	0.19
黑龙江	0.53	0.47	0.33	0.30	0.28	0.27	0.31	0.20	0.17	0.24	0.21	0.15	0.15	0.16
上海	0.11	0.11	0.10	0.09	0.11	0.11	0.09	0.10	0.10	0.16	0.09	0.15	0.15	0.23
江苏	0.18	0.20	0.21	0.19	0.21	0.20	0.21	0.14	0.15	0.22	0.14	0.17	0.17	0.22
浙江	0.13	0.14	0.17	0.18	0.18	0.17	0.19	0.14	0.12	0.22	0.11	0.15	0.15	0.24
安徽	0.43	0.37	0.33	0.27	0.26	0.21	0.17	0.14	0.14	0.11	0.17	0.13	0.16	0.15
福建	0.20	0.20	0.17	0.15	0.16	0.15	0.15	0.11	0.11	0.11	0.23	0.13	0.16	0.17
江西	0.70	0.50	0.42	0.29	0.27	0.20	0.22	0.16	0.16	0.15	0.26	0.21	0.24	0.23
山东	0.45	0.42	0.39	0.31	0.31	0.31	0.32	0.25	0.25	0.27	0.28	0.23	0.18	0.19
河南	0.82	0.82	0.41	0.43	0.37	0.33	0.34	0.24	0.21	0.16	0.25	0.20	0.19	0.17
湖北	0.29	0.40	0.30	0.30	0.26	0.24	0.23	0.15	0.14	0.12	0.21	0.16	0.17	0.17
湖南	0.95	0.65	0.51	0.40	0.36	0.29	0.26	0.21	0.20	0.16	0.20	0.16	0.17	0.15
广东	0.12	0.14	0.12	0.14	0.17	0.17	0.17	0.11	0.12	0.11	0.18	0.14	0.16	0.19
广西	0.45	0.53	0.52	0.30	0.32	0.27	0.19	0.16	0.16	0.13	0.18	0.16	0.16	0.16
海南	1.06	0.65	0.68	0.51	0.46	0.31	0.32	0.16	0.16	0.15	0.16	0.09	0.09	0.12
重庆	0.14	0.14	0.13	0.11	0.11	0.10	0.13	0.10	0.10	0.08	0.11	0.08	0.10	0.13
四川	0.31	0.25	0.23	0.16	0.19	0.14	0.19	0.10	0.10	0.17	0.11	0.12	0.12	0.13
贵州	0.79	0.56	0.36	0.30	0.27	0.23	0.26	0.18	0.20	0.18	0.25	0.13	0.15	0.17
云南	0.72	0.57	0.54	0.50	0.47	0.41	0.42	0.17	0.15	0.15	0.26	0.20	0.19	0.21

续表

年份\地区	1998	1999	2000	2001	2002	2003	2004	2005	2006	2007	2008	2009	2010	2011
陕西	0.49	0.30	0.32	0.26	0.30	0.29	0.36	0.22	0.18	0.16	0.20	0.15	0.15	0.12
甘肃	0.72	0.57	0.50	0.51	0.48	0.43	0.34	0.18	0.22	0.20	0.27	0.21	0.20	0.22
青海	0.86	0.36	0.39	0.54	0.28	0.23	0.22	0.19	0.20	0.16	0.23	0.18	0.14	0.13
宁夏	0.30	0.23	0.20	0.16	0.17	0.10	0.10	0.08	0.10	—	0.13	0.07	0.08	0.11
新疆	0.68	0.51	0.28	0.18	0.16	0.17	0.23	0.22	0.20	0.18	0.25	0.17	0.17	0.18

资料来源：作者根据历年《中国统计年鉴》计算而得。

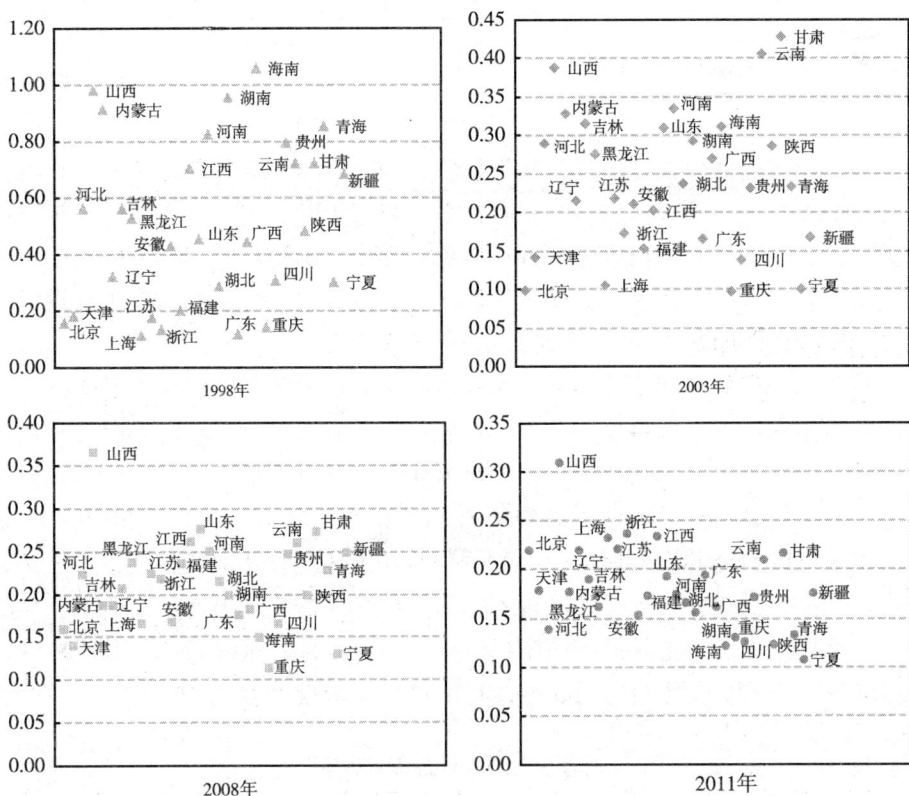

图 7 - 2　典型年份 30 个省（市/自治区）房地产税负散点图

为了更清晰地显示我国 30 个省（市/自治区）房地产税负水平的差异情况以及变动情况，本章还绘制了典型年份各省（市/自治区）房地产税负散点图。结合 1998 ~ 2011 年 30 个省（市/自治区）房地产税负（见表 7 - 2）与典型年份 30 个省（市/自治区）房地产税负散点图（见图 7 - 2），还可以看出，

1998~2003 年，中国 30 个省（市/自治区）房地产税负水平差异很大，且中西部地区省份房地产税负水平相对东部地区省份来讲要更高。然而，这种情况在 2004 年以后有所改变。2004 年以来中国 30 个省（市/自治区）房地产税负水平差异逐渐缩小，中西部地区省份房地产税负水平下降幅度很大，尤其从近几年的情况来看，各省（市/自治区）房地产税负水平主要集中在 0.2 左右，并且东部地区省份的房地产税负水平相对较高。

7.5

实证结果与讨论

7.5.1 计量模型设定

本模型的解释变量之一是房地产税负，考虑中国当前重房地产开发流转环节、轻房地产保有环节的房地产税收体系，将房地产税负分为交易税与持有税两类。其中，交易税包括取得环节的耕地占用税与契税、转让环节的土地增值税，持有税则包括房产税、城镇土地使用税、城市建设维护税。由于数据不可获得，营业税、印花税与个人所得税此处不作考虑。

由于房地产的空间不可移动性，很容易鉴别房地产税基的地方所有权，这种独立自主的税收来源将地方政府的税收和财政支出更直接地联系起来，促使地方政府做出正确的财政决策，以便最大化公共开支所带来的效益。本模型对于地方政府公共服务供给这一解释变量的衡量则借鉴梁若冰等（2008）的研究，将地方政府公共服务供给分为财政公共支出强度和基本公共服务水平两个变量。其中，财政公共支出强度以地方人均预算内财政支出表示；基本公共服务水平则用地方的交通状况、信息化水平、教育条件、医疗条件、就业环境与生态环境六个指标来衡量。对这些指标的进一步衡量见表 7-3。

表 7-3　　　　　　　　　　基本公共服务评价指标体系

一级指标	二级指标	度量单位
交通条件	人均铺装道路面积	平方米/人
	每万人拥有公共交通车辆	台/万人
信息化水平	本地电话普及率	本地电话数/万人
	移动电话普及率	移动电话数/万人

续表

一级指标	二级指标	度量单位
教育条件	小学师生比	%
	中学师生比	%
	普通高校师生比	%
医疗条件	每万人拥有医生数	个/万人
	每万人拥有病床数	张/万人
就业环境	城镇登记失业率	%
生态环境	人均公共绿地面积	平方米/人

资料来源：根据现有资料整理。

结合第7.3节理论模型得出的命题以及上述分析，本模型以商品房价格为被解释变量，以房地产税收（分为交易税与持有税）、公共服务供给（分为财政公共支出强度和基本公共服务水平）作为解释变量；在控制变量的选择上充分考虑房价影响因素的复杂性以及各地区的差异性，最终选择各地区的人均收入水平、人口密度作为控制变量。基于此，本节构建如下对数型计量模型：

$$\ln P_{h\,it} = C + \alpha_1 \ln TT_{it} + \alpha_2 \ln PT_{it} + \alpha_3 \ln y_{it} + \alpha_4 \ln d_{it} + \varepsilon_{it} \qquad (7.9)$$

$$\ln P_{h\,it} = C + \beta_1 \ln PE_{it} + \beta_2 \ln PS_{it} + \beta_3 \ln y_{it} + \beta_4 \ln d_{it} + \varepsilon_{it} \qquad (7.10)$$

其中，i，t 分别表示地区与时间；C 为常数项；P_h 表示 i 地区 t 时期的房价水平；TT_{it} 表示 i 地区 t 时期的房地产交易税；PT_{it} 表示 i 地区 t 时期的房地产持有税；PE_{it} 表示 i 地区 t 时期的财政公共支出强度；PS_{it} 表示 i 地区 t 时期的公共服务水平；y_{it} 表示 i 地区 t 时期的人均收入水平；d_{it} 表示 i 地区 t 时期人口密度；$\alpha_1 \sim \alpha_4$、$\beta_1 \sim \beta_4$ 为各变量的回归系数；ε_{it} 为随机扰动项。

本节还构建如下计量模型以同时考察房地产税负、公共服务供给对于房价的影响：

$$\ln P_{h\,it} = C + \eta_1 \ln TT_{it} + \eta_2 \ln PT_{it} + \eta_3 \ln PE_{it}$$
$$+ \eta_4 \ln PS_{it} + \eta_5 \ln y_{it} + \eta_6 \ln d_{it} + \varepsilon_{it} \qquad (7.11)$$

其中，$\eta_1 \sim \eta_6$ 为各变量的回归系数，其余变量含义仍与上面相同。

7.5.2 变量选取与数据来源

（1）商品房价格。各地商品房价格以销售均价来表示，根据各地区1998 ~

2011 年商品房销售额、商品房销售面积计算而得。

（2）房地产税负。房地产税负包括房地产交易税负与房地产持有税负，以各地区房地产交易税与房地产持有税占该年度商品房销售额的占比来表示。

（3）公共服务供给。本模型中公共服务供给包括财政公共支出强度和基本公共服务水平两类，财政公共支出强度以地方人均预算内财政支出表示；基本公共服务水平则用地方的交通状况、信息化水平、教育条件、医疗条件等六个指标来衡量，并采用多变量综合评价法测算各指标。

（4）人均收入水平。由于就业环境是吸引居民流动的重要因素之一，因此本章用各地区在岗职工平均工资来衡量人均收入水平。

（5）人口密度。人口密度以每平方公里内的人口数来表示。

本模型选取除西藏及港澳台地区以外全国 30 个省（市/自治区）的面板数据。涉及的被解释变量、解释变量与控制变量三类数据中，被解释变量，即各地区商品房价格，以商品房平均销售价格表示，来源于各地区历年统计年鉴；解释变量包括房地产税收与公共服务供给，除本地电话与移动电话普及率 1998~2001 年的数据来源于各地区历年统计年鉴以外，其余数据皆来源于中经网－中国统计数据库。控制变量中，各地区面积、人口数来源于中国及各地区历年统计年鉴，其余数据来源于中经网—中国统计数据库。

此外，为了消除商品房价格、房地产税负、公共服务供给以及控制变量各数据中存在的异方差以及量纲的问题，在实证分析时，本书对所有变量进行了对数处理。

7.5.3 单位根与协整检验

本章所用数据为 1998~2011 年 30 个省（市/自治区）的面板数据，为了避免伪回归，需要对各变量进行平稳性检验。根据是否为相同根，面板数据进行单位根检验的方法一般分为两类。一类是相同根情形下的单位根检验，此类单位根检验方法主要有 LLC、Hadri 检验；另一类是不同根情形下的单位根检验，此类单位根检验方法主要有 IPS、Fisher-ADF 和 Fisher-PP 检验。本模型分别采取 LLC 方法（Levin, Lin and Chu, 2002）与 IPS 方法（Im, Pesaran and Shin, 2003）对各变量进行单位根检验。各变量 LLC 与 IPS 单位根检验的结果见表 7-4。由表 7-4 可知，各变量均为非稳定变量，但是一阶差分以后都是稳定的。

表7－4 LLC 与 IPS 单位根检验结果

变量	原序列		一阶差分序列		结论
	LLC 检验	IPS 检验	LLC 检验	IPS 检验	
$\ln P_h$	8.355 (1.00)	10.845 (1.00)	－1.361 * (0.086)	－1.712 ** (0.0434)	I (1)
$\ln TT$	－3.268 *** (0.0005)	－2.235 (0.0127)	－2.883 *** (0.0020)	－4.525 *** (0.0000)	I (1)
$\ln PT$	5.320 (1.00)	1.925 (0.9729)	－4.267 *** (0.0000)	－1.878 ** (0.0302)	I (1)
$\ln PE$	2.166 (0.9848)	4.632 (1.00)	－2.556 *** (0.0053)	－1.555 * (0.0600)	I (1)
$\ln PS$	－2.106 (0.0176)	2.242 (0.9875)	－16.096 *** (0.0000)	－11.412 *** (0.0000)	I (1)
$\ln y$	4.296 (1.00)	9.906 (1.00)	－8.392 *** (0.0000)	－4.781 *** (0.0000)	I (1)
$\ln d$	－10.898 *** (0.0000)	－0.702 (0.2413)	－52.769 *** (0.0000)	－23.217 *** (0.0000)	I (1)

注：（1）括号内为 p 值；（2）***、** 和 * 分别表示在1%、5%和10%水平上拒绝"有单位根"的原假设。

在进行正式的回归分析之前还需要对面板序列进行协整检验，本模型采用基于 Engle and Granger 二步法检验基础上的 Kao 检验。根据卡奥（1999）的分析，Kao 检验的原假设是序列不存在协整关系。第一阶段 Kao 检验设定各截面个体具有不同截距项和相同系数的回归方程，第二阶段对残差序列进行平稳性检验。房价与房地产税负、房价与公共服务供给各变量的协整检验结果见表7－5。

表7－5 模型 Kao 协整检验结果

检验方程	检验方法	检验假设	统计量名	统计量值（P 值）
房价与房地产税负	Kao 检验	H_0：不存在协整关系（$\rho = 1$）	ADF	－2.092028（0.0374）
房价与公共服务供给	Kao 检验	H_0：不存在协整关系（$\rho = 1$）	ADF	－3.795588（0.0001）

由表7－5可知，房价与房地产税负、房价与公共服务供给的协整检验结果分别在5%与1%的显著性水平下拒绝原假设，这就表明1998～2010年我国房价与房地产税负、房价与公共服务供给之间存在协整关系，从而可以对各变

量进行回归分析以考察其长期的均衡关系。

7.5.4 计量结果分析

1. 全国层面的实证分析

本章利用 Eviews6.0 软件对全国层面房价与房地产税负、房价与公共服务供给进行计量分析，结果见表 7-6。对上述计量模型的回归既可以使用固定效应（FE）模型，也可以使用随机效应（RE）模型，本章通过 Hausman 检验来确定模型形式。

表 7-6　　　　　　　　　　全国层面计量分析结果

	被解释变量：商品房价格（P_h）					
	模型 1	模型 2	模型 3	模型 4	模型 5	模型 6
常数项（C）	8.51 *** (55.23)	-3.47 ** (-2.28)	4.44 *** (23.31)	-1.69 (-1.14)	-1.78 (-1.20)	-3.41 ** (-2.09)
交易税负（TT）	0.38 *** (7.24)	-0.09 *** (-5.09)			-0.10 *** (-5.52)	-0.11 *** (-5.65)
持有税负（PT）	-0.19 *** (-8.74)	-0.01 * (-1.36)			-0.01 * (1.70)	-0.01 (1.20)
公共支出强度 （PE）			0.51 *** (30.33)	0.37 *** (4.76)	0.35 *** (4.84)	0.15 ** (2.18)
公共服务水平 （PS）			0.29 ** (1.98)	0.13 * (1.82)	0.26 ** (2.39)	-0.16 (-1.30)
人均收入水平 （y）		0.80 *** (17.36)		0.27 ** (2.29)	0.34 *** (2.98)	0.66 *** (6.23)
人口密度 （d）		0.57 ** (2.03)		0.78 *** (2.77)	0.68 *** (2.48)	0.66 ** (2.24)
AR（1）		0.73 *** (19.38)		0.67 *** (16.78)	0.71 *** (19.00)	0.68 *** (17.47)
R^2	0.69	0.98	0.95	0.98	0.98	0.98
调整 R^2	0.66	0.98	0.94	0.97	0.98	0.98
F 统计量 （P 值）	23.02 (0.00)	379.59 (0.00)	186.82 (0.00)	363.22 (0.00)	392.17 (0.00)	359.90 (0.00)

续表

	被解释变量：商品房价格（P_h）					
	模型 1	模型 2	模型 3	模型 4	模型 5	模型 6
$D - W$ 值	0.40	1.82	0.59	1.97	1.85	1.75
$Chi2$ （P 值）	22.71 (0.00)	19.72 (0.00)	25.79 (0.00)	28.41 (0.00)	25.11 (0.00)	21.97 (0.00)
模型	FE	FE	FE	FE	FE	FE

注：（1）括号内为 t 值；（2）***、**和*分别表示在1%、5%和10%水平上显著。

模型 1 表明，如果单纯考虑房价与房地产税负之间的关系，则房地产持有税负对于房价具有显著的负向影响，而房地产交易税负则对房价具有弱的正向影响。$D - W$ 值为 0.40，表明模型存在自相关关系。为此，引入模型 2 控制其他相关变量并且加入房价的滞后项进行计量分析。计量结果表明无论是持有税还是交易税对房价的影响都显著为负向，其中，交易税负仍然通过了1%的显著性水平检验，交易税负每增加1%，房价将下降0.09%；持有税负则通过了10%显著性水平检验，持有税负每增加1%，房价将下降0.01%。人均收入水平与人口密度则与房价显著正相关，其中，人均收入水平通过了1%的显著性水平检验，人均收入水平每增加1%，房价将上涨0.80%；人口密度变量通过了5%的显著性水平检验，人口密度每增加1%，房价将上涨0.57%。所有变量中，以人均收入水平对房价的影响最大且最为显著，表明现阶段地区收入水平是影响房价的最重要因素之一。另外，综合考虑其他因素以后，持有税对于房价的影响程度下降。

模型 3 则只考虑公共服务供给对于房价的影响。计量分析结果表明，公共支出强度与公共服务水平均与房价呈显著正相关关系。由于 $D - W$ 值同样表明模型存在自相关关系，模型 4 控制其他相关变量并且加入房价的滞后项进行分析。结果表明公共支出强度与公共服务水平均与房价仍然呈显著正相关关系，其中，公共支出强度仍然通过了1%的显著性水平检验，公共支出强度每增加1%，房价将上涨0.37%；公共服务水平则通过了10%的显著性水平检验，公共服务水平每提高1%，房价将上涨0.13%。控制变量的影响与单纯考虑房地产税负时的情况相似，人均收入水平仍然是对房价影响相对较大且最为显著的因素。

模型 5 同时考虑房地产税负、公共服务水平与房价的关系。实证结果表明，房地产持有税与交易税都对房价的影响存在显著负相关关系，而公共支出强度与公共服务水平则与房价显著正相关。具体而言，交易税负每增加1%，房价将下降0.1%且通过1%的显著性水平检验，交易税负每增加1%，房价将下降0.1%且通过1%的显著性水平检验，持有税负每增加1%，房价将下降0.01%且通过10%的显著性水平检验；公共支出强度每增加1%，房价将上涨0.35%且通过1%的显著性水平检验；公共服务水平每增加1%，房价将上涨0.26%且通过1%的显著性水平检验。由此可知公共服务供给对房价的正向影响大于房地产税负对房价的负向影响，也即公共服务正资本化效果大于房地产税负的负资本化效果，两者对房价的净影响为正。

模型6则考虑政府基本公共服务支出滞后项对房价的影响，由模型的回归结果可知，若加入政府公共服务支出滞后项（滞后一期），发现滞后一期的政府基本公共服务支出仍然与房价显著正相关，具体而言，政府基本公共服务支出强度每增加1%，房价将上涨0.15%，并且小于当期政府基本公共服务支出对房价的影响。其他变量对房价的影响变化不大，但是持有税负的影响不再显著。综合模型1至模型6的回归结果，可以认为政府的基本公共服务支出是房价变动的主要因素。

2. 区域层面的实证分析

考虑到我国各地区的房地产发展水平同样存在一些差异，因此有必要就房地产税负和基本公共服务对房价影响的区域差异状况进行分析。根据国家统计局的分类方法，将全国分为东部、中部和西部三个区域，以考察房地产税负、公共服务水平对房价影响的区域差异情况。区域层面的计量分析结果见表7－7。

表7－7 区域层面计量分析结果

解释变量	被解释变量：商品房价格（P_h）		
	东部	中部	西部
常数项（C）	－5.45 ** （－2.17）	8.39 *** （2.78）	7.48 *** （4.53）
交易税负（TT）	－0.12 *** （－3.55）	－0.09 *** （－2.97）	－0.05 * （－1.97）
持有税负（PT）	－0.01 （－0.42）	－0.02 * （－1.86）	－0.01 （－0.88）
公共支出强度（PE）	0.59 *** （3.98）	0.26 ** （2.33）	0.38 *** （3.61）
公共服务水平（PS）	0.47 ** （2.54）	－0.32 （－1.33）	－0.05 （－0.28）

续表

解释变量	被解释变量：商品房价格（P_h）		
	东部	中部	西部
人均收入水平（y）	0.17 (0.76)	0.39 ** (2.44)	0.11 (0.66)
人口密度（d）	− 0.05 （− 0.75）	0.07 * (1.76)	0.12 ** (2.22)
AR（1）	0.68 *** (10.66)	0.60 *** (7.73)	0.43 *** (5.10)
R^2	0.98	0.97	0.94
调整 R^2	0.98	0.97	0.93
F 统计量 （P 值）	313.03 (0.00)	207.07 (0.00)	95.25 (0.00)
$D-W$ 值	1.73	1.97	1.91
$Chi2$ （P 值）	17.95 (0.00)	13.27 (0.04)	41.57 (0.00)
模型	FE	FE	FE

注：（1）括号内为 t 值；（2）***、** 和 * 分别表示在1%、5%和10%水平上显著；（3）东部省份包括北京、天津、辽宁、上海、江苏、浙江、福建、山东、广东和海南；中部省份包括河北、山西、内蒙古、吉林、黑龙江、安徽、江西、河南、湖北、湖南；西部省份包括广西、重庆、四川、贵州、云南、陕西、甘肃、青海、宁夏和新疆。

由表7－7可知，从东部地区来看，房地产交易税负仍然对房价有显著负向影响，房地产交易税负每增加1%，房价将下降0.12%；房地产持有税负仍然与房价负相关，但是统计上并不显著；公共支出强度与公共服务水平同样与房价呈显著正相关关系，公共支出强度每增加1%，房价将上涨0.59%且通过1%显著性水平检验；公共服务水平每增加1%，房价将上涨0.47%且通过5%显著性水平检验。另外，人口密度对房价的影响不再显著，这与东部地区目前人口密度较大有关。

从中部地区来看，房地产交易税负与持有税负对房价有显著负向影响。其中，交易税负通过了1%的显著性水平检验，交易税负每增加1%，房价将下降0.09%；持有税负则通过了10%显著性水平检验，持有税负每增加1%，房价将下降0.02%，相对而言交易税负对房价的影响相比东部有所下降；公共支出强度仍然对房价有显著正向影响，公共支出强度每增加1%，房价将上涨0.26%，而公共服务水平对房价的影响不再显著；人均收入水平和人口密度同样与房价呈显著正相关关系。

从西部地区来看，房地产税负对房价的影响进一步下降，仅房地产交易税负对房价有负向影响且影响系数、显著性水平下降，房地产交易税负每增加1%，房价将下降0.05%且通过了10%显著性水平检验；其他变量中，财政公共支出强度与人口密度对房价有显著正向影响，公共支出强度每增加1%，房价将上涨0.38%，人口密度每增加1%，房价将上涨0.12%，且人口密度对房价的影响无论是显著性水平还是影响系数均大幅度提高。

区域层面的实证分析结果表明，东部地区房地产税负、公共服务供给对于房价的影响较大，可能的原因在于东部地区房地产市场较为成熟，房地产税负等市场因素对于房价的影响较大；而在中西部地区，人均收入水平与人口密度成为影响房价的最重要因素，这与中西部地区房地产市场发展水平相对滞后于东部地区有关。

7.6

本章小结

本章就房地产税收和基本公共服务对房价的影响机制进行了理论分析，并回顾了1998年以来中国30个省（市/自治区）房地产税负水平的变化情况，最后在理论分析的基础上进行了实证检验，实证分析表明：从全国层面来看，房地产持有税与交易税与房价显著负相关，而公共支出强度与公共服务水平则与房价显著正相关，并且公共服务供给对房价的正向影响大于房地产税负对房价的负向影响，即公共服务正资本化效果大于房地产税负的负资本化效果，人均收入水平与人口密度同样与房价正相关；从区域层面来看，东部地区房地产税负等市场因素对于房价的影响较大，而在中西部地区，人均收入水平与人口密度则是影响房价的最重要因素。需要注意的是，由于本章是以30个省市自治区作为研究对象，这就忽视了省（市/自治区）内部的区域差异问题，因而研究结果有一定的局限性，这将是下一步研究所要力争解决的地方。

根据实证研究结果，本章的政策借鉴意义有三点。

（1）加快房地产税制改革，局部开征房产税。根据国际经验及现阶段中国房地产税制的特点，中国房地产税制改革应按照"宽税基、简税种、低税率"的原则，逐步实现房地产开发流转环节税收为主向房地产保有环节税收为主的房地产税制转型，从而实现去土地财政化。目前来讲，可行的措施是局部开征房产税。现阶段，局部开征房产税可以借鉴上海市征收房产税的试点方案，按照先增量、后存量的原则，在符合条件的城市推行对居民新购商品房超免税标准部分按规定开征房产税，并根据房地产市场的运行和发展状况，不断扩大税基、调整税率，在长期条件成熟时对居民已购买的存量房地产开征房产税。政策研究的重点应转为对各地区免税标准的确定以及房地产税收体系的建设。

（2）优化财政支出结构，着力推进公共服务均等化。由于区域发展的不平衡，中国各地区基本公共服务分布非均等化问题严重，大量基本公共服务资源聚集在东部发达地区和各地区的中心城市。东部地区与大城市由于公共服务水平较高吸引大量的人口移居，而中西部地区则存在基础设施不完善、资源闲置等问题。区域间基本公共服务的差异使我国房价在地区间加速分化，东部地区与区域中心城市房价上涨过快。为此，各级地方政府应优化财政支出结构，加大对中西部地区、城郊、中小城镇以及农村基础设施的投资力度，在房价上涨过快的东部发达地区与区域中心城市则应加大对保障性安居工程的投资力度；着力促进基本公共服务在东中西部之间、大中小城市之间、城郊之间均等化分布，促进区域协调均衡发展。

（3）灵活运用财政政策，兼顾房地产市场区域差异。房地产市场既关乎经济发展也关乎民生福祉，这就需要政府在充分发挥市场机制作用的前提下，适时、合理地运用经济手段辅以必要的行政手段来干预、规范房地产市场。以财政政策为例，考虑到房地产税负对房价影响为负而公共服务供给对房价影响为正，并且公共服务正资本化效果大于房地产税负的负资本化效果，房地产税收政策应与公共财政支出政策相互配合。一方面加大对房地产持有环节的征税，另一方面优化财政支出结构加大保障性安居工程投资力度。此外，由于我国各地区间在经济发展水平等方面存在较大差异，房地产市场是典型的区域性市场，不同区域的房地产市场发展状况差异较大，调控政策还需要兼顾房地产市场区域差异。因此，政策制定者应该因地制宜地制定并运用财政政策。

第8章

结论与政策建议

8.1
研究结论

改革开放以来，中国经济增长迅速，国内生产总值由 1978 年的 3 645.2 亿元增加到 2011 年的 472 881.6 亿元，年均增长率达到 9.89%，人民生活和社会发展水平得到了显著的提升，中国的发展经验作为一种独特的"大国模型"被具有类似禀赋条件的国家模仿。2004 年美国《时代》周刊高级编辑、高盛公司资深顾问乔舒亚·库珀·雷默在英国伦敦外交政策中心发表的调查论文中指出中国通过艰苦努力、主动创新和大胆实践，摸索出一个适合本国国情的发展模式，并将中国的这种发展模式称为"北京共识"。"北京共识"对国际组织和发展中国家或地区具有很高的借鉴价值（高波，2011）。然而，与此同时中国经济发展过程中遇到的问题也越来越多，在这些问题当中，一个比较突出的表现是发展的成果不能为民众所公平地分享，社会各阶层之间、区域之间收入差距越来越大，人民生活水平的改善与经济发展水平不相适应。为了改善民生、促进社会和谐、体现公平正义，让改革和发展的成果更多地让民众所分享，党和政府做出了加快建立覆盖全体社会成员的基本公共服务体系，逐步实现基本公共服务均等化这一重大战略决策。

在这一背景之下，研究基本公共服务的供给将对房地产市场产生什么样的影响是十分必要的。经过住房制度改革，到 2000 年中国基本建立了适应社会主义市场经济体制的市场化配置、货币化分配、社会化管理与公共住房保障相结合的新型住房制度。近 10 年来，城市住房建设快速增长，房地产市场高度发育，房地产业迅速成长为国民经济的重要支柱产业，城市居民住房条件发生了根本性的改善，房地产市场经历了"黄金十年"。房地产业在拉动经济增长，提升居民居住水平等方面发挥了不可替代的作用。然而随着房地产业的发展，粗放式的发展方式引起的问题越来越多，部分城市房价过高、增速过快，地方政府对土地财政过度依赖等问题越来越引发人们的关注，高房价引发的经济和社会问题也越来越突出。本书在对地方公共产品与辖区竞争的经典模型——蒂布特模型进行借鉴与扩展的基础上，探讨了政府基本公共服务供给对房地产需求与供给可能产生的影响，理论分析表明基本公共服务的供给会对房地产市场的供给和需求产生溢出效应，实证检验则证实了基本公共服务对房地产市场存在的溢出效应。

本书较为全面地关注到基本公共服务对房地产市场的溢出效应现象，并且对此现象进行了系统的理论分析和实证检验，研究得出的结论主要包括以下三个方面。

8.1.1 基本公共服务对房地产市场的"量"存在溢出效应

房地产市场的供给量与需求量是衡量市场运行情况的重要指标，理论分析表明基本公共服务可以通过降低房地产企业的交易成本和扩大社会总需求的渠道促进房地产开发投资的增加，本书第3章对基本公共服务对房地产市场的供给量是否存在溢出效应进行了实证检验，基于30个大中城市的动态面板数据，系统GMM与差分GMM的估计结果均表明，从长期来看，政府公共服务支出对房地产开发投资存在溢出效应。政府公共服务支出的对数每增加1%，房地产开发投资的对数将增加0.1%左右。基于中国2007～2012年的季度数据，通过建立包含四个变量的SVAR模型，发现政府公共服务支出的正冲击对房地产开发投资的影响为正，且这种影响在一个较长的时期内持续，因此，基本公共服务对房地产开发投资的溢出效应在短期同样存在。

基本公共服务还可以通过收入分配效应和引致需求效应两种渠道促进家庭对住宅需求的增加，本书第4章以新建住房销售面积为被解释变量，以政府基本公共服务支出作为解释变量，考察了基本公共服务对住房需求的溢出效应。对30个城市面板数据的实证研究表明：从全国层面来讲，无论是混合估计模型、固定效应模型还是随机效应模型，基本公共服务对房地产需求存在显著的溢出效应；从区域层面来讲，在东部地区和西部地区，基本公共服务对房地产需求存在显著的溢出效应，中部地区基本公共服务对房地产需求的溢出效应则并不显著。因此，总的来讲，基本公共服务对房地产需求存在的溢出效应是比较稳定的。基于教育部哲学社会科学研究重大课题攻关项目"我国城市住房制度改革研究"课题组对 30 个城市 6 000 余份调研数据的进一步研究则发现，基本公共服务服务还会对家庭的住宅权属选择会产生正向影响，家庭对住宅周边基本公共服务服务的评价每高出 1%，家庭购买住房的可能性将提高 0.04% 左右；由于特殊户籍制度的存在，户口同样会影响基本公共服务对家庭住宅权属的选择，户口与基本公共服务的交互项每高出 1%，家庭购买住房的可能性将提高 0.04% 以上。

8.1.2 基本公共服务对房地产市场的"价"存在溢出效应

房地产价格一般被认为是衡量房地产市场是否健康运行的重要指标之一，近年来，我国部分城市房价的过快上涨已经引发了人们广泛的关注。一般而言，房地产价格可以分为销售价格和租赁价格两个部分，本书的研究发现基本公共服务对销售价格与租赁价格均存在溢出效应。

本书第 5 章采用南京市江南八区的微观数据，建立了特征价格模型，实证检验了住宅周边所具有的公共服务水平对其销售价格的影响，住宅周边的公共服务水平对房价确实存在资本化的现象，在所考察的四类公共服务中，教育公共服务对住宅销售价格的影响最大，生态环境的影响次之，交通条件对住宅销售价格的影响最小。第 6 章则对基本公共服务与住宅租金间的关系进行了检验，利用南京市江南八区近万份的调查数据，发现四类公共服务同样资本化进了住宅租赁价格中，公共服务对住宅销售价格与租赁价格的影响不存在本质的差异。因此，基本公共服务对房地产市场的销售价格和租赁价格均存在溢出效应。

房价租金比是衡量房价是否存在泡沫的指标之一，近年来，我国城市房地产销售价格相对租赁价格呈现出更快上涨的趋势，即所谓房价租金"剪刀差"之谜，并吸引了许多学者的关注。本书则从基本公共服务供给的角度探索了我国城市房价租金"剪刀差"另一种可能的原因，实证研究表明政府对城市核心地带公共服务的投入并不会导致当地房价租金比提高，相反，政府对城市边缘地带公共服务投入不足则将使得租金的下降幅度超过房价的下降幅度，导致当地的房价租金比提高。这既为合理制定租金提供了有效的证据，同时，更为重要的是为探寻房价租金"剪刀差"给出了新的解释。

8.1.3 基本公共服务的价格溢出效应受土地供给弹性、房地产税负水平等因素的影响

基本公共服务对房地产价格的溢出效应确实存在，但是这种溢出效应会受

到一些因素的影响。本书第 5 章在南京市江南八区近万份微观数据的基础上，将南京市江南八区按照土地供给弹性的不同分为核心区域、次核心区域和边缘区域并进一步分析了不同土地供给弹性下公共服务资本化的差异情况，实证研究表明住宅周边的公共服务水平对房价存在溢出效应，而在考虑土地供给弹性之后，发现基本公共服务对房价的溢出效应程度随着土地供给弹性的提高而下降。

基本公共服务本质上是政府财政政策中的一种财政支出行为，作为财政政策来讲，财政的收入和支出同样重要。在财政收入中，与房地产密切相关的税收收入是房地产税收，房地产税收被普遍认为是政府提供基本公共服务的重要财力来源。本书第 7 章将房地产税收分为持有税和交易税两类，并就房地产税收和房价的关系进行了考察，实证分析表明房地产持有税和交易税与房价显著负相关，并且基本公共服务供给对房价的正向影响大于房地产税负对房价的负向影响，基本公共服务正资本化效果大于房地产税负的负资本化效果，即房地产税收对房价存在负的溢出效应，且这种负的溢出效应小于基本公共服务的正溢出效应。

8.2
政策建议

本书的理论和实证研究证实了基本公共服务对房地产市场存在显著的溢出效应，具体表现在政府对基本公共服务的投入挤入了房地产开发投资，住宅区公共服务的改善显著地增加了居民对其的消费意愿；基本公共服务的提高促进了当地的房地产销售价格和租赁价格的上涨，也即所谓基本公共服务对房价存在"资本化"的现象。房地产市场的供求变动与价格调整是衡量房地产运行的主要指标，因此，基本公共服务对房地产市场存在的溢出效应表明政府推进基本公共服务均等化会对房地产市场产生重要影响。

考虑到推进区域间基本公共服务均等化的必要性和必然性以及房地产市场在国民经济中的重要性和复杂性，如何在区域之间合理地配置基本公共服务，从而既能够改善民生、促进社会公平正义，又能够保证房地产市场的健康发展是尤为重要的。

第一，不断推进区域间基本公共服务均等化，改善居民居住条件，降低房地产开发企业交易成本。

推进不同区域之间基本公共服务均等化是党和政府为了改善民生、促进社会和谐、体现公平正义，让改革和发展的成果更多地让民众所分享而做出的战略决策。本书的研究表明，基本公共服务对居民的住房需求与房地产开发企业的开发投资决策产生重要影响，基本公共服务在改善居民居住条件、降低房地产开发企业交易成本方面从而提升社会福利水平上发挥了重要作用。实际上随着社会经济的不断发展和房地产市场的不断成长，人们对其所居住社区基本公共服务水平的要求也越来越高。因此，从这个角度而言，政府同样有必要不断推进区域间基本公共服务均等化。

从政府投入的角度而言，政府对基本公共服务的投入不应该是事无巨细的，而应该更多地关注社会活动中或者居民日常生活中所真正迫切需要的公共服务，比如对基本医疗、教育等公共服务这类事关人的生命健康与人力资本积累相关的公共服务的投入，扩大对社会中弱势人群的支持和保障力度。对于企业经营而言同样如此，应该着力推动服务性政府的建设，减少对企业正常经营活动的干预，做到及时、准确地公布各类信息，提供各类公共产品或服务，降低企业运行的成本。

第二，改革和完善现有的户籍制度，逐步取消将享受基本公共服务的权利与户口相挂钩的现象。

中国特殊户籍制度的存在使得城乡居民、不同城市居民甚至是同一城市的不同辖区的居民在享受医疗、教育等各种基本公共服务的权利上往往与购房相挂钩，这对住房会产生引致需求效应，本书的实证研究表明户籍制度使基本公共服务推动了人们住房需求的增加。因此，推进基本公共服务均等化还需要推动各类居民分享基本公共服务的权利，逐步保障居民租房居住享受各类基本公共服务的权益，鼓励居民通过租赁住房的方式满足住房消费需求。

由于重男轻女的生育倾向导致的畸形婚恋市场（Wei Shang-jin and Zhang Xiaobo，2011）、租房人的权益难以获得有效保障（高波、赵奉军，2012）等原因，中国人尤其是中国的年轻人更加倾向于购买住房而非租赁住房。逐步取消将享受基本公共服务的权利与户口相挂钩其实也就要求大力培育住房租赁市场，完善租赁市场相关的政策法规，有助于推动居民租房居住与购房居住之间的互相替代。取消将享受基本公共服务的权利与户口相挂钩、推动租房者公平地分享各种基本公共服务，在长期可以逐渐改变居民的购房偏好，从而推动住房买卖市场与租赁市场协调发展。

第三，在不同区域间合理配置基本公共服务，并考虑房地产市场的运行状况，避免对房地产市场造成较大冲击。

推进基本公共服务均等化需要考虑不同区域之间的经济发展水平等诸多因

素，由于基本公共服务存在的溢出效应，政府对基本公共服务的投入会对房地产市场会产生较大的冲击尤其是会推动当地的房地产价格水平在短时期内快速上涨。在这方面，一个非常鲜明的例子是 2013 年 2 月 17 日国务院通过了关于南京市行政区划调整的请示，调整后南京市鼓楼区和下关区合并成新的鼓楼区，秦淮区和白下区合并成新的秦淮区，原下关区和白下区的居民也可以享受原鼓楼区和秦淮区的基本公共服务，消息一经公布就引发人们对下关区和白下区房价上涨的强烈预期。考虑到基本公共服务对房价的溢出效应，政府需要在不同区域间合理配置基本公共服务，尤其需要考虑房地产市场的运行状况，避免对房地产市场造成较大冲击。

实证研究表明基本公共服务对房地产价格的溢出效应随着土地供给弹性的增大而不断减小，政府对城市核心地区公共服务的大量投入可能会对该区域的房地产市场造成较大冲击，而对城市次核心和边缘地区公共服务投入的不足还会使当地的房价租金比升高，这些都不利于房地产市场的健康发展，一个可行的办法是政府减少对城市核心地区等房地产市场过热地区的基本公共服务投入力度。因此，政府对公共服务的投入应既注重城乡之间的均等化，也注重城市内部各区域之间的均等化，将有限的资源多投入到城市的次核心以及边缘地区，以实现既提高居民的生活水平，又避免对某些区域的房地产市场造成较大的冲击。

第四，改革现有房地产税收制度，扩大开征房地产持有税，推进基本公共服务均等化与征收房地产税并行。

鉴于基本公共服务对房地产价格存在的正的溢出效应以及房地产税收对房地产价格存在的负的溢出效应，如果政府没有办法通过减少基本公共服务的投入而降低对房地产市场的冲击，一个可替代的办法是在对这些区域增加基本公共服务支出的同时征收房地产持有税。根据国际经验及现阶段中国房地产税制的特点，中国房地产税制改革应按照"宽税基、简税种、低税率"的原则，逐步实现房地产开发流转环节税收为主向房地产保有环节税收为主的房地产税制转型，从而实现去土地财政化（高波，2012）。

目前来讲，可行的措施是扩大开征居民新购商品住房房产税。现阶段，局部开征房产税可以借鉴上海市征收房产税的试点方案，即在全国范围内推行对居民新购商品房超免税标准部分按规定开征房产税，并根据房地产市场的运行和发展状况，不断扩大税基、调整税率，在长期条件成熟时对居民已购买的存量房地产开征房产税。除了扩大开征房产税，开征房屋空置税也是可以采取的措施，房屋空置税与房产税同属于房地产持有税，都对于投资和投机购房行为具有一定抑制作用。

8.3
研究展望

　　本书就基本公共服务对房地产市场的溢出效应进行了理论和实证分析，得出了基本公共服务对房地产市场的量和价均存在溢出效应，并在此基础上，结合推进基本公共服务均等化的大背景下，从户籍制度、房地产税收制度以及房地产市场健康运行的角度提出了相关的政策建议。重新检视本书的研究，发现在政府的基本公共服务支出行为和产出效率、基本公共服务在区域之间的外溢效应等等都还有待于更深入的理论探讨和实证分析。因此，考虑政府偏好和责任的基本公共服务支出行为、基本公共服务区域间外溢效应以及基本公共服务的房价平抑效应等都是未来还需要不断进行研究的重要课题。

参 考 文 献

1. 安体富、任强：《公共服务均等化：理论、问题与对策》，载于《财贸经济》2007 年第 8 期。

2. 安体富、任强：《中国公共服务均等化水平指标体系的构建——基于地区差别视角的量化分析》，载于《财贸经济》2008 年第 6 期。

3. 蔡昉：《户籍制度改革与城乡社会福利制度统筹》，载于《经济学动态》2010 年第 12 期。

4. 曾红颖：《我国基本公共服务均等化标准体系及转移支付效果评价》，载于《经济研究》2012 年第 6 期。

5. 昌忠泽：《房地产泡沫、金融危机与中国宏观经济政策的调整》，载于《经济学家》2010 年第 7 期。

6. 常修泽：《逐步实现基本公共服务均等化》，发表于人民日报 2007 年 1 月 31 日。

7. 陈德球、李思飞、钟昀珈：《政府质量、投资与资本配置效率》，载于《世界经济》2012 年第 3 期。

8. 陈多长、踪家峰：《房地产税收与住宅资产价格：理论分析与政策评价》，载于《财贸研究》2004 年第 1 期。

9. 陈海威：《中国基本公共服务体系研究》，载于《科学社会主义》2007 年第 3 期。

10. 陈继勇、盛杨泽：《外商直接投资的知识溢出效应与中国区域经济增长》，载于《经济研究》2008 年第 12 期。

11. 崔裴、严乐乐：《住房租买选择机制缺失对中国房地产市场运行的影响》，载于《华东师范大学学报》（哲学社会科学版）2010 年第 1 期。

12. 董藩、刘建霞：《我国住房价格与租金背离的行为解释》，载于《改革》2010 年第 2 期。

13. 董昕：《中国房地产业的公共投资研究》，财政部财政科学研究所博士学位论文。

14. 杜雪君、黄忠华、吴次芳：《房地产价格、地方公共支出与房地产税负关系研究——理论分析与基于中国数据的实证检验》，载于《数量经济技术经济研究》2009 年第 1 期。

15. 杜雪君、吴次芳、黄忠华：《我国房地产税与房价关系的实证研究》，载于《技术经济》2008 年第 9 期。

16. 费农·亨德森（Henderson, J. V.）：《中国的城市化：面临的政策问题与选择》，载于《城市发展研究》2007 年第 4 期。

17. 冯皓、陆铭：《通过买房而择校：教育影响房价的经验证据与政策含义》，载于《世界经济》2010 年第 12 期。

18. 付文林：《人口流动的结构性障碍：基于公共支出竞争的经验分析》，载于《世界经济》2007 年第 12 期。

19. 付文林：《人口流动、增量预算与地方公共品的拥挤效应》，载于《中国经济问题》2012 年第 1 期。

20. 高波：《风险投资溢出效应：一个分析框架》，载于《南京大学学报》（哲学·人文科学社会科学）2003 年第 4 期。

21. 高波：《现代房地产经济学》，南京大学出版社 2010 年版。

22. 高波：《文化资本、企业家精神与经济增长：浙商与粤商成长经验的研究》，人民出版社 2011 年版。

23. 高波：《中国房地产税制：存在问题与改革设想》，载于《南京社会科学》2012 年第 3 期。

24. 高波、陈健、邹琳华：《区域房价差异、劳动力流动与产业升级》，载于《经济研究》2012 年第 1 期。

25. 高波、洪涛：《中国住宅市场羊群行为研究——基于 1999～2005 动态面板模型的实证分析》，载于《管理世界》2008 年第 2 期。

26. 高波、王斌：《中国大中城市房地产需求弹性地区差异的实证分析》，载于《当代经济科学》2008 年第 1 期。

27. 高波、赵奉军：《中国房地产周期波动与宏观调控》，商务印书馆2012 年版。

28. 高波等：《转型期中国房地产市场成长：1978～2008》，经济科学出版社 2009 年版。

29. 高琳：《分权与民生：财政自主权影响公共服务满意度的经验研究》，载于《经济研究》2012 年第 7 期。

30. 高凌江：《地方财政支出对房地产价值的影响——基于我国 35 个大中城市的实证研究》，载于《财经理论与实践》2008 年第 1 期。

31. 高铁梅等：《计量经济分析方法与建模：Eviews 应用及实例》，清华大学出版社 2009 年版。

32. 龚刚敏：《论物业税对房地产价格与政府行为的影响》，载于《税务研究》2005 年第 5 期。

33. 郭杰：《财政支出与全社会固定资产投资：基于中国的实证研究》，载于《管理世界》2010 年第 5 期。

34. 胡洪曙：《财产税、地方公共支出与房产价值的关联分析》，载于《当代财经》2007 年第 6 期。

35. 蒋殿春、张宇：《经济转型与外商直接投资技术溢出效应》，载于《经济研究》2008 年第 7 期。

36. 金成晓、马丽娟：《征收物业税对住房价格影响的动态计量分析》，载于《经济科学》2008 年第 6 期。

37. 孔行、刘治国、于渤：《使用者成本、住房按揭贷款与房地产市场有效需求》，载于《金融研究》2010 年第 1 期。

38. 况伟大：《住房特性、物业税与房价》，载于《经济研究》2009 年第 4 期。

39. 况伟大：《利率对房价的影响》，载于《世界经济》2010 年第 4 期。

40. 况伟大：《房地产投资、房地产信贷与中国经济增长》，载于《经济理论与经济管理》2011 年第 1 期。

41. 李飞：《心理预期在房价调控中的作用》，载于《中国房地产》2008 年第 9 期。

42. 李宏瑾：《房地产市场、银行信贷与经济增长——基于面板数据的经验研究》，载于《国际金融研究》2005 年第 7 期。

43. 李祥、高波：《人口年龄结构对住宅市场的影响效应分析》，载于《经济体制改革》2011 年第 6 期。

44. 李祥、高波、李勇刚：《房地产税收、公共服务供给与房价——基于省际面板数据的实证研究》，载于《财贸研究》2012 年第 3 期。

45. 李祥、高波、王维娜：《公共服务资本化与房价租金背离——基于南京市微观数据的实证研究》，载于《经济评论》2012 年第 5 期。

46. 李晓芳、高铁梅、梁云芳：《税收和政府支出政策对产出动态冲击效应的计量分析》，载于《财贸经济》2005 年第 2 期。

47. 李颖：《1998 年以来我国财政政策对扩大消费需求的实践效果及启示》，载于《经济问题探索》2010 年第 7 期。

48. 梁若冰、汤韵：《地方公共品供给中的 Tiebout 模型：基于中国城市房价的经验研究》，载于《世界经济》2008 年第 10 期。

49. 刘畅：《益贫式增长视角下公共财政支出对房地产市场影响》，载于《财经理论与实践》2012 年第 5 期。

50. 刘和东：《国际贸易与 FDI 技术溢出效应的实证研究——基于吸收能力与门槛效应的分析视角》，载于《科学学与科学技术管理》2012 年第 2 期。

51. 刘洪钟、齐震：《中国参与全球生产链的技术溢出效应分析》，载于《中国工业经济》2012 年第 1 期。

52. 刘生龙、胡鞍钢：《基础设施的外部性在中国的检验：1988—2007》，载于《经济研究》2010 年第 3 期。

53. 刘晓峰、陈钊、陆铭：《社会融合与经济增长：城市化和城市发展的内生政策变迁》，载于《世界经济》2010 年第 6 期。

54. 吕江林：《我国城市住房市场泡沫水平的度量》，载于《经济研究》2010 年第 6 期。

55. 吕炜、王伟同：《发展失衡、公共服务与政府责任——基于政府偏好和政府效率视角的分析》，载于《中国社会科学》2008 年第 4 期。

56. 吕炜、王伟同：《我国基本公共服务提供均等化问题研究——基于公共需求与政府能力视角的分析》，载于《财政研究》2008 年第 5 期。

57. 吕炜、赵佳佳：《中国经济发展过程中的公共服务与收入分配调节》，载于《财贸经济》2007 年第 5 期。

58. 杞明：《房价上涨的一种解释：蒂布特模型》，载于《地方财政研究》2005 年第 4 期。

59. 任超群、吴璟、邓永恒：《预期对租金房价比变化的影响作用研究——基于住房使用成本模型的分析》，载于《浙江大学学报》（人文社会科学版）2013 年第 1 期。

60. 邵挺、袁志刚：《土地供应量、地方公共品供给与住宅价格水平——基于 Tiebout 效应的一项扩展研究》，载于《南开经济研究》2010 年第 3 期。

61. 沈悦、刘洪玉：《中国房地产开发投资与 GDP 的互动关系》，载于《清华大学学报》（自然科学版）2004 年第 9 期。

62. 王斌：《我国基本公共服务非均等化对房价影响的实证分析》，载于《经济论坛》2011 年第 5 期。

63. 王斌、高戈：《中国住房保障对房价动态冲击效应——基于 SVAR 的实证分析》，载于《中央财经大学学报》2011 年第 8 期。

64. 王金明、高铁梅：《对我国房地产市场需求和供给函数的动态分析》，载于《中国软科学》2004 年第 4 期。

65. 王列军：《户籍制度改革的经验教训和下一步改革的总体思路》，载于

《江苏社会科学》2010 年第 2 期。

66. 王胜、卢盛荣：《供给、需求和外部冲击——中国房地产业发展驱动因素的实证分析》，载于《中国土地科学》2008 年第 8 期。

67. 王松涛、刘洪玉：《房地产开发投资水平理论研究与实证分析》，载于《建筑经济》2006 年第 6 期。

68. 王玮：《成本分担视阈下的公共服务均等化改革》，载于《财贸经济》2012 年第 9 期。

69. 王文莉、赵奉军：《城市化进程与房价租金比高企问题研究——基于 35 个大中城市面板数据实证分析》，载于《财贸研究》2011 年第 5 期。

70. 王先柱、毛中根、刘洪玉：《货币政策的区域效应——来自房地产市场的证据》，载于《金融研究》2011 年第 9 期。

71. 王晓明、吴慧敏：《开征物业税对我国城镇居民的影响》，载于《财贸经济》2008 年第 12 期。

72. 魏巍贤、李阳：《我国房地产需求的地区差异分析》，载于《统计研究》2005 年第 9 期。

73. 吴福象、姜凤珍：《租售比、房价收入比与房地产市场调控——基于区际差异化市场比较的实证分析》，载于《当代财经》2012 年第 6 期。

74. 项继权：《基本公共服务均等化：政策目标与制度保障》，载于《华中师范大学学报》（人文社会科学版）2010 年第 1 期。

75. 熊小林：《统筹城乡发展：调整城乡利益格局的交点、难点及城镇化路径——"中国城乡统筹发展：现状与展望研讨会暨第五届中国经济论坛"综述》，载于《中国农村经济》2010 年第 11 期。

76. 许光建、魏义方、戴李元、赵宇：《中国城市住房价格变动影响因素分析》，载于《经济理论与经济管理》2010 年第 8 期。

77. 许罗丹、谭卫红、刘民权：《四组外商投资企业技术溢出效应的比较研究》，载于《管理世界》2004 年第 6 期。

78. 严金海：《中国的房价与地价》，载于《数量经济技术经济研究》2006 年第 1 期。

79. 杨帆、李宏谨、李勇：《泡沫经济理论与中国房地产市场》，载于《管理世界》2005 年第 6 期。

80. 杨绍媛、徐晓波：《我国房地产税对房价的影响及改革探索》，载于《经济体制改革》2007 年第 2 期。

81. 叶剑平、王娟：《公共服务均等化与中国房价的关系》，载于《探索与争鸣》2010 年第 3 期。

82. 于建嵘：《基本公共服务均等化与农民工问题》，载于《中国农村观察》2008 年第 2 期。

83. 虞晓芬：《居民住宅租购选择及其弹性研究——以杭州为对象》，经济科学出版社 2007 年版。

84. 袁诚、陆挺：《外商直接投资与管理知识溢出效应：来自中国民营企业家的证据》，载于《经济研究》2005 年第 3 期。

85. 约翰·伊特韦尔（John Eatwell）、默里·米尔盖特（Murray Milgate）、彼得·纽曼（Peter K. Newman）：《新帕尔格雷夫经济学大辞典》，经济科学出版社 1996 年版。

86. 郑思齐、任荣荣、符育明：《中国城市移民的区位质量需求与公共服务消费——基于住房需求分解的研究和政策含义》，载于《广东社会科学》2012 年第 3 期。

87. 中国（海南）改革发展研究院：《百姓·民生——共享基本公共服务 100 题》，经济科学出版社 2008 年版。

88. 中国人口与发展研究中心课题组：《中国人口城镇化战略研究》，载于《人口研究》2012 年第 3 期。

89. 中国社会科学院财经战略研究院课题组：《深化城镇住房制度综合配套改革的总体构想（上）》，载于《财贸经济》2012 年第 11 期。

90. 周京奎：《政府公共资本品供给对住宅价格的影响效应研究——来自天津市内六区的调查证据》，载于《经济评论》2008 年第 5 期。

91. 周京奎：《收入不确定性、住宅权属选择与住宅特征需求——以家庭类型差异为视角的理论与实证分析》，载于《经济学（季刊）》2011 年第 4 期。

92. 周京奎、吴晓燕：《公共投资对房地产市场的价格溢出效应研究——基于中国 30 省市数据的检验》，载于《世界经济文汇》2009 年第 1 期。

93. 周业安、程栩、赵文哲、李涛：《地方政府的教育和科技支出竞争促进了创新吗？——基于省级面板数据的经验研究》，载于《中国人民大学学报》2012 年第 4 期。

94. 周永宏：《当前我国房价与租金关系的经济学分析——一个市场区隔理论的解释》，载于《当代财经》2005 年第 10 期。

95. 踪家峰、刘岗、贺妮：《中国财政支出资本化与房地产价格》，载于《财经科学》2010 年第 11 期。

96. 邹至庄、牛霖琳：《中国城镇居民住房的需求与供给》，载于《金融研究》2010 年第 1 期。

97. 朱喆:《最复杂的商品——房产市场分析的理论引进与实证探索》,复旦大学博士学位论文。

98. Abbigail J., Chiodo Rubén Hernández-Murillo, and Owyang, M. T., 2003, "Nonlinear Hedonics and the Search for School Quality", Federal Reserve Bank of St. Louis, Working Paper 2003 – 039E, http：//research. stlouisfed. org/wp/2003/2003 – 039. pdf.

99. Ayuso, J. and Restoy, F., "House Prices and Rents in Spain：Does the Discount Factor Matter", *Journal of Housing Economics*, 2007, 16 (3), pp. 291 – 308.

100. Bajic, V., "The Effects of a New Subway Line on Housing Prices in Metropolitan Toronto", *Urban Studies*, 1983, 20 (2), pp. 147 – 158.

101. Bayer, P. J., Ferreira, F. and McMillan, R., "A Unified Framework for Measuring Preferences for Schools and Neighborhoods", *Center Discussion Paper*, No. 872, Yale University, 2003.

102. Benjamin, J. D. and Sirmans, G. S., 1996, "Mass Transportation, Apartment Rent and Property Values", *Journal of Real Estate Research*, 12 (1), pp. 1 – 8.

103. Bewely, T., 1982, "A Critique of Tiebout's Theory of Local Public Expenditures", *Econometrica*, 49 (3), pp. 713 – 740.

104. Bishop, K. C., and Murphy, A. D., "Estimating the Willingness to Pay to Avoid Violent Crime：A Dynamic Approach", *American Economic Review Papers and Proceedings*, 2011, 101 (3), pp. 625 – 629.

105. Blanchard, Q. and Quah, D., "The Dynamic Effects of Aggregate Demand and Aggregate Supply Disturbances", *American Economic Review*, 79 (4), 1989, pp. 655 – 673.

106. Boehm, T. P., Herzog Jr., H. W. and Schlottmann, A. M., "Intra-urban Mobility, Migration and Tenure Choice", *The Review of Economics and Statistics*, 73 (1), 1991, pp. 59 – 68.

107. Brasington, D. M., "Which Measures of School Quality Does the Housing Market Value", *Journal of Real Estate Research*, 18 (3), 1999, pp. 395 – 414.

108. Brasington, D. M., "Edge Versus Center：Finding Common Ground in the Capitalization Debate", *Journal of Urban Economics*, 52 (3), 2002, pp. 524 – 541.

109. Brunnermeier, M. K. and Julliard, C. , "Money Illusion and Housing Frenzies", *Review of Financial Studies*, 21 (1), 2008, pp. 135 – 180.

110. Buchanan, J. M. and Goetz, C. J. , "Efficiency Limits of Fiscal Mobility: An Assessment of the Tiebout Model", *Journal of Public Economics*, 1 (4), 1972, pp. 25 – 43.

111. Burns, L. S. and Grebler, L. , "Resource Allocation to Housing Investment: A Comparative International Study", *Economic Development and Cultural Change*, 25 (1), 1976, pp. 95 – 121.

112. Campbell, S. D. , Davis, M. A. , Gallin, J. and Martin, R. F. , "What Moves Housing Markets: A Variance Decomposition of the Rent-Price Ratio", *Journal of Urban Economics*, 66 (2), 2009, pp. 90 – 102.

113. Cameron, T. , "Permanent and Transitory Income in Models of Housing Demand", *Journal of Urban Economics*, 1986, 20 (2), pp. 205 – 210.

114. Carlsen, F. , Bjørg Langset, Jørn Rattsø and Stambøl, L. , "Using survey data to study capitalization of local public services", Norwegian University of Science and Technology Working Paper, No. 17/2006, www. svt. ntnu. no/iso/wp/wp. htm, 2006.

115. Case, K. E. and Shiller, R. , "Is There a Bubble in the Housing Market", *Brooklings Papers on Economic Activity*, 34 (2), 2003, pp. 299 – 342.

116. Cervero, R. , et al. , "Transit-Oriented Development in the United States: Experiences, Challenges, and Prospects", Washington, DC: Transportation Research Board of the National Academies, 2004.

117. Cheshire, P. and Sheppard, S. , "On the Price of Land and the Value of Amenities", *Economica*, 62 (246), 1995, pp. 247 – 267.

118. Chiodo, A. J. , Rubén Hernández-Murillo and Owyang, M. T. , "Nonlinear Hedonics and the Search for School Quality", Federal Reserve Bank of St. Louis, Working Paper 2003 – 039E, http://research. stlouisfed. org/wp/2003/2003 – 039. pdf, 2003.

119. Clayton, J. , "Are Housing Price Cycles Driven by Irrational Expectations", *Journal of Real Estate Finance and Economics*, 14 (3), 1997, pp. 341 – 363.

120. Dalmazzo, A. and De Blasio, G. , "Skill-Biased Agglomeration Effects and Amenities: Theory with an Application to Italian Cities", Department of Economics, University of Siena, Working Paper N. 503, April 2007, http://www. econ-pol. unisi. it/quaderni/503. pdf, 2007.

121. Diaz-Serrano, L., "Income Volatility and Residential Mortgage Delinquency Across the EU", *Journal of Housing Economics*, 14 (3), 2005, pp. 153 –177.

122. Dipasquale, D. and Wheaton, W. C., "*Urban Economics and Real Estate Markets*". Prentice Hall Press, 1995.

123. Dueker, K. J., Chen, H. and Rufolo, A., "Measuring the Impact of Light Rail Systems on Single-Family Home Values", *Transportation Research Record*, 1617, 1998, pp. 38 –43.

124. Edel, M. and Sclar, E., "Taxes, Spending, and Property Values: Supply Adjustment in a Tiebout-Oates Model", *Journal of Political Economy*, 82 (5), 1974, pp. 941 –954.

125. Epple, D. and Zelenitz, A., "The Implications of Competition among Jurisdictions: Does Tiebout Need Politics", *Journal of Political Economy*, 89 (6), 1981, pp. 1197 –1217.

126. Ermisch, J., "The Demand for Housing in Britain and Population Ageing: Microeconometric Evidence", *Economica*, 63 (251), 1996, pp. 383 –404.

127. Fischel, W., "Public Goods and Property Rights: of Coase, Tiebout, and Just Compensation", for The Economics and Law of Property Rights Conference held at the Hoover Institution, Stanford, CA, May 15, 2000.

128. Frappa, S. and Mesonnier, J. – S., "The Housing Price Boom of the Late 1990s: Did Inflation Targeting Matter", *Journal of Financial Stability*, 6 (4), 2010, pp. 243 –254.

129. Fu Yuming, Zheng Siqi and Liu Hongyu, "Population Growth across Chinese Cities: Demand Shocks, Housing Supply Elasticity and Supply Shifts", Working Paper, http://ssrn.com/abstract = 1153022, 2008.

130. Gatzlaff, D. and Smith, M., "The Impact of the Miami Metrorail on the Value of Residences Station Locations", *Land Economics*, 69 (1), 1993, pp. 54 –66.

131. Gibbons, S., and Machin, S., "Valuing School Quality, Better Transport, and Lower Crime: Evidence from House Prices", *Oxford Review of Economic Policy*, 24 (1), 2008, pp. 99 –119.

132. Goodman A. and Kawai, M., "Permanent Income, Hedonic Prices, and Demand for Housing: New Evidence", *Journal of Urban Economics*, 12 (2), 1982, pp. 214 –237.

133. Gordon, M. J., *The Investment Financing and Valuation of the Corporation*, Homewood, IL: R. D. Irwin, 1962.

134. Granziera, E. and Kozicki, S., "House Price Dynamics: Fundamentals and Expectations", *Bank of Canada Working Paper*, 2012 – 12.

135. Hamilton, B., "Zoning and Property Taxation in a System of Local Governments", *Urban Studies*, 12 (2), 1975, pp. 205 – 211.

136. Hamilton, B., "Capitalization of Intrajurisdictional Difference in Local Tax Prices", *American Economics Review*, 66 (5), 1976, pp. 743 – 753.

137. Hamilton, B., "Public Goods and Property Rights", *Journal of Political Economy*, (11): 2005, pp. 56 – 63.

138. Henderson, J. V. and Ioannides, Y. M., "A Model of Housing Tenure Choice", *The American Economic Review*, 73 (1), 1983, pp. 98 – 113.

139. Hilber, C. A. and Mayer, C. J., "Why Do Households without Children Support Local Public Schools? Linking House Price Capitalization to School Spending", *Journal of Urban Economics*, 65 (1), 2009, pp. 74 – 90.

140. Hilber, C. A., "The Economic Implications of House Price Capitalization A Survey of an Emerging Literature", London School of Economics, SERC Discussion Paper 91.

141. Himmelberg, C., Mayer, C. and Sinai, T., "Assessing High House Prices: Bubbles, Fundamentals and Misperceptions", *Journal of Economic Perspectives*, 19 (4), 2005, pp. 67 – 92.

142. Holland, S., "The Baby Boom and the Housing Market: Another Look at the Evidence", *Regional Science and Urban Economics*, 21 (4), 1991, pp. 565 – 571.

143. Hyman, D. N. and Pasour, J. R., "Real Property Taxes, Local Public Services, and Residential Property Values", *Southern Economic Journal*, 39 (4), 1973, pp. 601 – 611.

144. Im, K. S., Pesaran, M. H. and Shin, Y., "Testing for Unit Roots in Heterogeneous Panel", *Journal of Econometrics*, 115 (1), 2003, pp. 53 – 74.

145. Kao, C., "Spurious Regression and Residual-Based Tests for Cointegration in Panel Datas", *Journal of Econometrics*, 90 (1), 1999, pp. 1 – 44.

146. Kaufman, D. and Cloutier, N., "The Impact of Small Brownfields and Greenspaces on Resident Property Values", *Journal of Real Estate Finance and Economics*, 33 (1), 2006, pp. 19 – 30.

147. Kiel, K., "Environmental Contamination and House Values", Working Papers 0601, College of the Holy Cross, Department of Economics.

148. Kilpatrick, J. A., Ronald L., Throupe, J. I., Carruthers, and Krause A., "The Impact of Transit Corridors on Residential Property Values", *Journal of Real Estate Research*, 29 (3), 2007, pp. 303 – 320.

149. Knaap, G. J., Ding, C. and Hopkins, L., "Do Plans Matter? The Effects of Light Rail Plans on Land Values in Station Area", *Journal of Planning Education and Research*, 21 (1), 2001, pp. 32 – 39.

150. Lall, S. V. and Lundberg, M., "What Are Public Services Worth, and to Whom? Non-parametric Estimation of Capitalization in Pune", *Journal of Housing Economics*, 17 (1), 2008, pp. 34 – 64.

151. Leah Platt Boustan, "School Desegregation and Urban Change: Evidence from City Boundaries", *Applied Economics*, 4 (1), 2012, pp. 85 – 108.

152. Levin, A., Lin, C. F. and Chu, C. "Unit Root Tests in Panel Data: Asymptotic and Finite Sample Properties", *Journal of Econometrics*, 108 (1), 2002, pp. 1 – 24.

153. Linden, L. and Rockoff, J. E., "Estimates of the Impact of Crime Risk on Property Values from Megan's Laws", *American Economic Review*, 98 (3), 2008, pp. 1103 – 1127

154. Li Wenli and Yao Rui, "The Life-Cycle Effects of House Price Changes", *Journal of Money, Credit and Banking*, 39 (6), 2007, pp. 1375 – 1409.

155. Lynn, D. J., "The Tectonic Forces of Global Real Estate: Implications for Global Investment and Portfolio Managers", *Journal of Real Estate Portfolio Management*, 13 (1), 2007, pp. 87 – 92.

156. Mankiw, G. and Weil, D., "The Baby Boom, the Baby Bust, and the Housing Market", *Regional Science and Urban Economics*, 19 (2), 1989, pp. 235 – 258.

157. McDonald, J. F., and McMillen, D. P., "Employment Subcenters and Subsequent Real Estate Development in Suburban Chicago", *Journal of Urban Economics*, 48 (1), 2000, pp. 135 – 157.

158. McFadden, D., "Conditional Logit Analysis of Qualitative Choice Behavior", in P. Zarembka, ed. *Frontiers in Econometrics*, Academic Press, New York, 1974, pp. 105 – 142.

159. McFadden, D., Modeling the Choice of Residential Location, in A. Karlqvist, L. Lundqvist, F. Snickars and J. Weibull, eds, *Spatial Interaction Theory and Planning Models*, North-Holland, Amsterdam, 1978.

160. McFadden, D. , "Economic Choices", *American Economic Reviews*, 91 (3), 2001, pp: 351 – 378.

161. McMillan, M. and Carlson, R. , "The Effects of Property Taxes and Local Public Services upon Residential Property Values in Small Wisconsin Cities", *American Journal of Agricultural Economics*, 59 (1), 1977, pp. 81 – 87.

162. McMillen, D. P. and McDonald, J. F. , "Reaction of House Prices to a New Rapid Transit Line: Chicago's Midway Line, 1983 – 1999", *Real Estate Economics*, 32 (3), 2004, pp. 463 – 486.

163. Mishkin, F. S. , "Housing and the Monetary Transmission Mechanism, Finance and Economics Discussion Series", Federal Reserve Board, Washington, D. C. 2007, pp. 1 – 53.

164. Muellbauer, J. and Murphy, A. , "Booms and Busts in the UK Housing Market", *The Economic Journal*, 107 (445), 1997, pp. 1701 – 1727.

165. Muth, R. E. , "The Demand for Non-Farm Housing", in Arnold C. Harberger, ed. , *The Demand for Durable Goods*, *Chicago*: The University of Chicago Press, 1960, 1960, pp. 29 – 96.

166. Oates, W. E. , "The Effects of Property Taxes and Local Public Spending on Property Values: An Empirical Study of Tax Capitalization and the Tiebout Hypothesis", *Journal of Political Economy*, 77 (6), 1969, pp. 957 – 971.

167. Olsen, E. , "A Competitive Theory of the Housing Market", *American Economic Review*, 59 (4), 1969, pp. 612 – 622.

168. Pauly, "Real Property Taxes, Local Public Services and Residential Property Values: A Comment", *Southern Economic Journal*, (10), 2004, pp. 325 – 329.

169. Pavlyuk, D. , "Statistical Analysis of the Relationship between Public Transport Accessibility and Flat Prices in Riga", *Transport and Telecommunication*, 10 (2), 2009, pp. 26 – 32.

170. Pedroni, P. , "Critical Values for Cointegration Tests in Heterogeneous Panels with Multiple Regressors", *Oxford Bulletin of Economics and Statistics*, (61), 1999, pp. 653 – 670.

171. Polinsky, A. M. and Ellwood, D. T. , "An Empirical Reconciliation of Micro and Grouped Estimates of the Demand for Housing", *The Review of Economics and Statistics*, 61 (2), 1979, pp. 199 – 205.

172. Pollack, S. , Bluestone, B. and Billingham, C. , "Maintaining Diversity

in America's Transit-Rich Neighborhoods: Tools for Equitable Neighborhood Change", Boston, MA: Dukakis Center for Urban and Regional Policy at Northeastern University, 2010.

173. Quigley, J. M. , "Real Estate Prices and Economic Cycles", *International Real Estate Review*, 2 (1), 1999, pp. 1 – 20.

174. Rosenthal, L. , "House Prices and Local Taxes in the UK", *Fiscal Studies*, 20 (1), 1999, pp. 61 – 76.

175. Samuelson, P. A. , "The Pure Theory of Public Expenditure", *The Review of Economics and Statistics*, 1954, 36 (4), pp. 387 – 389.

176. Schwartz, A. , Susin, S. and Voicu, I. , "Has Falling Crime Driven New York City's Housing Boom", *Journal of Housing Research*, 14 (2), 2003, pp. 101 – 136.

177. Sims, C. A. , "Macroeconomics and Reality", *Econometrica*, 48 (1), 1980, pp. 1 – 48.

178. Smith, J. E. , *What Determines Housing Investment? An Investigation into the Social, Economic and Political Determinants of Housing Investment in Four European Countries*, Delft, Delft University Press, 1997.

179. Sommer, K. , Sullivan, P. and Verbrugge, R. , 2011, "Run-up in the House Price-Rent Ratio: How Much Can Be Explained by Fundamentals?" Bureau of Labor Statistics Working Papers, No. 441, U. S. Bureau of Labor Statistics.

180. Stadelmann, D. and Billon, S. , 2010, "Capitalization of Fiscal Variables and Land Scarcity", CREMA Working paper No. 10 – 03.

181. Stiglitz, J. , The Theory of Local Public Goods Twenty-five Years After Tiebout: A Perspective, in Zodrow, G. R. , ed. *Local Provision of Public Services: The Tiebout Hypothesis After 25 Years*, New York, Academic Press, 1983.

182. Straszheim, M. , "Estimation of the Demand for Urban Housing Services from Household Interview Data", *Review of the Economic Statistics*, 55 (1), 1973, pp. 1 – 8.

183. Taipalus, K. , "A Global House Price Bubble? Evaluation Based on a New Rent-Price Approach", Bank of Finland Research Discussion Papers, No. 29/ 2006.

184. Tiebout, C. M. , "A Pure Theory of Local Expenditures", *Journal of Political Economy*, 64 (5), 1956, pp. 416 – 424.

185. Tong Hun Lee and Chang Min Kong, "Elasticities of Housing Demand",

Southern Economic Journal, 44 (2), 1997, pp. 298 – 305.

186. Train, K. , "*Qualitative Choice Analysis*", MIT Press, Cambridge, MA, 1986.

187. Turnbull, G. , "Location, Housing, and Leisure Demand under Local Employment", *Land Economics*, 68 (1), 1992, pp. 62 – 71.

188. Voith, R. , "Transportation Sorting and House Values", *Journal of the American Real Estate Urban Economics Association*, 19 (2), 1991, pp. 117 – 137.

189. Wardrip, K. , 2011, "Public Transit's Impact on Housing Costs: A Review of the Literature", August 31, 2011, Center for Housing Policy.

190. Wei Shang-jin and Zhang Xiaobo, "The Competitive Saving Motive: Evidence from Rising Sex Ratios and Savings Rates in China", *Journal of Political Economy*, 119 (3), 2009, pp. 511 – 564.

191. Winters, J. V. , "Differences in Quality of Life Estimates Using Rents and Home Values", *The Institute for the Study of Labor Discussion Paper*, No. 6703, 2012.

192. Yinger, J. , "Capitalization and the Theory of Local Public Finance", *Journal of Political Economics*, 90 (5), 1982, pp. 917 – 943.

193. Zabel, J. , "The Demand for Housing Services", *Journal of Housing Economics*, 13 (1), 2004, pp. 16 – 35.

194. Zabel, J. and Kiel, K. , "Estimating the Demand for Air Quality in Four U. S. Cities", *Land Economics*, 76 (2), 2000, pp. 174 – 194.

195. Zheng Siqi and Kahn, M. E. , 2011, "Does Government Investment in Local Public Goods Spur Gentrification? Evidence from Beijing", *NBER Working Paper*, No. 17002.

后　记

经过近三年时间的积累、撰写和修改，这篇博士学位论文终于得以呈现在大家的面前。论文是对博士求学生涯的一个阶段性总结，也是科研工作所交出的一份答卷，然而却远远不能道尽在南京大学这所百年学府生活与学习的个中滋味。

都说"经师易遇，人师难遭"，我的导师高波老师传授给了我太多的知识，让我终身受用。时间回到2010年的4月，在高老师电话通知录取我做博士研究生时，我着实兴奋了很久，踌躇满志。然而由于硕士学校同在南京城，我得以较早地进入师门，却发现自己和博士研究生的差距还很远，甚至连一些基本的知识都不了解，难免垂头丧气。高老师送我几部房地产经济学领域的专著并安排了一些任务给我，使我慢慢地适应了角色。进入师门学习以来，高老师的言传身教让我不断成长。在教室里或者电话里与老师数不清的激辩声中，我体会了什么叫做"一丝不苟"和"治学严谨"，也折服于老师深厚的学术底蕴和对社会现实的敏锐洞察力。三年的时间里，针对研究课题，老师带领团队在全国各地进行了广泛而深入的调研并多次参加各种国际和国内学术会议，这让我感受了什么叫做"脚踏实地"和"团队精神"。在撰写博士论文过程中，总会发觉过去老师交代的任务中，有很多有价值的东西可以借鉴，往往事半而功倍，这让我明白了什么叫作"厚积而薄发"，也更加感叹老师的良苦用心。在老师严厉的批评教育中，语重心长的叮嘱和殷切勉励中，我懂得了什么叫做"严师如慈父"。论文得以顺利完成同样离不开导师主持的教育部哲学社会科学研究重大课题攻关项目"我国城市住房制度改革研究"（编号：10JZD0025）经费的资助。寥寥数笔不能道尽老师育人授业之德，些许话语难以叙完学生感恩留念之情。值此论文完成之际，谨向辛勤培养我的导师表示衷心的感谢并致以崇高的敬意，师恩浩瀚，永铭在心！

在攻读博士学位期间，商学院老师们的平易近人和渊博学识都给我留下了非常深刻的印象，这些老师们给予了我极大的帮助，他们是：洪银兴老师，刘志彪老师，范从来老师、沈坤荣老师，裴平老师，安同良老师，葛扬老师，郑江淮老师，顾江老师，马野青老师，李晓春老师，吴福象老师，魏守华老师，巫强老师，郑东雅老师，皮建才老师，史先诚老师，王宇老师等。在校学习期间，老师们的循循善诱和谆谆教导让我受益匪浅，在此表示由衷的感谢。商学院勤勉高效的工作人员、干净整洁的工作环境、丰富详细的图书资源、便利快捷的信息网络和翔实完整的数据资料为研究的展开提供了有力的支持。

感谢同门各位师兄、师姐、师弟和师妹在学习和生活上对我的关心与帮助。在刚进入南大校园的那段时间里，骆祖春、王斌和陈健师兄以及王文莉师姐给予了我非常热心的照顾，使我能够较快地适应新的氛围；在学术讨论和日常交流中，已毕业的张志鹏师兄、王辉龙师兄、王先柱师兄、程瑶师姐和赵奉军师兄等给了我有益的启迪；尤其要感谢同届的博士生李勇刚，在三年的学习和生活中，我们互相鼓励、相互扶持、经常交流、共同进步；还要感谢在校的博士后张鹏师兄、李智师兄，博士生同门李伟军、周航、关劲峤、王猛，硕士生同门罗小刚、高戈、李雨、王维娜、何宾宾、余永虎、许春招、王璟、李萌、甘信宇、陈亚妮和范馨等，由于你们的存在，由于这个团结、和睦、友爱的团队的存在，艰苦的学习和枯燥的科研过程中，快乐从未离我远去。在课程学习和论文写作过程中，有幸与胡慧源、李猛、任保全、张月友、刘昊、王文翌、朱建平、夏力和徐建波等博士生同窗切磋砥砺，获益良多，在此一并感谢。

最后，我要感谢我的家人。我那一直在农村辛勤劳作、两鬓渐白的父母，你们无怨无悔的付出，支持着我多年来在外地的求学生涯，而我未能膝下尽孝，极尽索取之事，每每思之，唯觉无颜以对。感谢我孤身一人身在他乡的妻子许含霓博士，忙于学业的我未能很好地照顾你，你给予我的却是理解和支持，感动之余更添愧疚。女儿李沐瑶的出生使得论文后期的修改忙乱之余平添了许多欢乐，祝愿她健康快乐地成长。愿以后的岁月中，能够更多地陪伴我的家人。

李 祥

2013 年春于南京大学安中楼

图书在版编目（CIP）数据

基本公共服务对房地产市场的溢出效应研究／李祥著.
—北京：经济科学出版社，2014.4
（服务经济博士论丛. 第2辑）
ISBN 978－7－5141－4393－5

Ⅰ.①基…　Ⅱ.①李…　Ⅲ.①社会服务－应用－房地
产市场－研究－中国　Ⅳ.①F299.233.5

中国版本图书馆 CIP 数据核字（2014）第 049731 号

责任编辑：齐伟娜　易　莉
责任校对：靳玉环
责任印制：李　鹏

基本公共服务对房地产市场的溢出效应研究
李　祥　著
经济科学出版社出版、发行　新华书店经销
社址：北京市海淀区阜成路甲 28 号　邮编：100142
总编部电话：88191217　发行部电话：88191540
网址：www.esp.com.cn
电子邮件：esp@esp.com.cn
天猫网店：经济科学出版社旗舰店
网址：http://jjkxcbs.tmall.com
北京季峰印刷有限公司印装
787×1092　16 开　11.25 印张　210000 字
2014 年 4 月第 1 版　2014 年 4 月第 1 次印刷
ISBN 978－7－5141－4393－5　定价：28.00 元
（图书出现印装问题，本社负责调换。电话：88191502）
（版权所有　翻印必究）

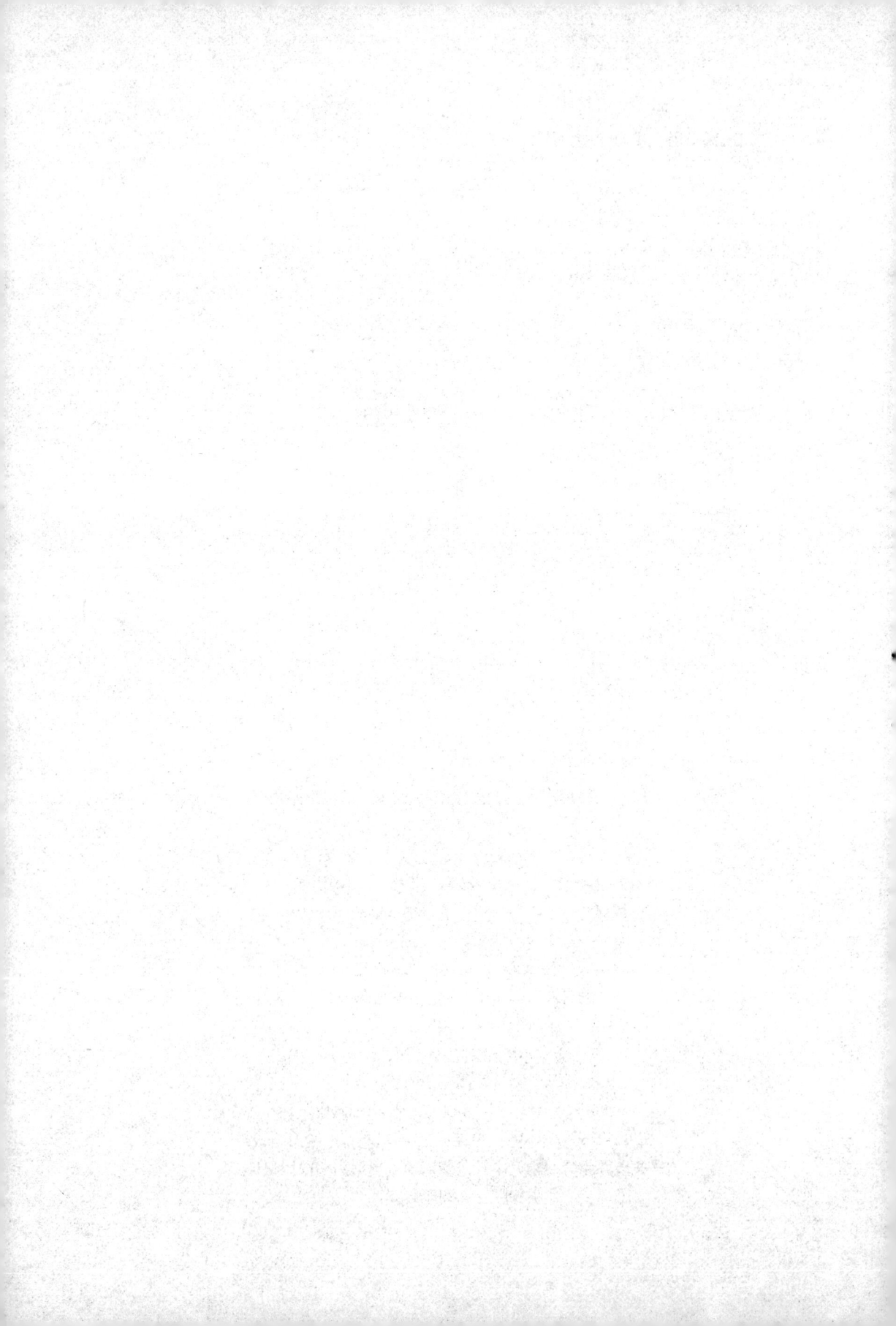